손으로 | 읽는 | 명상록

일러두기

- 『명상록』 속 문장을 편역자가 직접 주제에 맞게 선별하고, 필사하기 좋은 문장으로 번역했습니다. 원고 특유의 예스러움을 어려워할 독자를 위해 원전의 범주에서 벗어나지 않는 선에서 문장을 다듬었습니다.
- 각 문장이 속한 권과 번호는 문장 하단에 표기해 놓았습니다. 분량이 긴 문장은 여러 쪽에 나누어 담았습니다.

손으로 | 읽는 | 명상록

치열한 삶의 전선에서 새기는
의지의 문장들

마르쿠스 아우렐리우스 원작
박찬국 편역

『명상록』
필사집

Through not observing what is
in the mind of another a man has
seldom been seen to be unhappy;
but those who do not observe
the movements of their own minds
must of necessity be unhappy.

21세기북스

불안한 지난날의 자신이,
더 나은 날의 자신에게

『명상록』으로 알려진 이 책의 제목은 본래 『자신에게』로, 로마의 5현제 중의 마지막 황제인 마르쿠스 아우렐리우스가 쓴 글들을 모은 것이다. 5현제 시대는 서기 56년에 네르바 황제의 즉위 이래 트라야누스·하드리아누스·안토니누스 피우스를 거쳐, 180년 아우렐리우스의 사망으로 끝이 났다. 『로마제국 쇠망사』의 저자 에드워드 기번Edward Gibbon은 이때를 "세계사에서 인류가 가장 행복하고 번영했던 시대"로 평한 바 있다.

보통 황제라 하면 화려하면서도 위엄 있는 옷을 걸치고 수많은 후궁에 둘러싸여 연회를 즐기는 모습을 떠올리기 쉽다. 그러나 아우렐리우스는 그와는 동떨어진, 매우 엄격하고 질박한 삶을 살았다. 아우렐리우스는 소박하고 검소한 일상을 보냈을 뿐만 아니라 철인 황제哲人皇帝라 불릴 정도로 평생 철학을 연구하였으며 철학적 가르침을 몸소 삶에 실천했다. 또한 그는 군인 황제로도 불릴 만큼 로마제국 북부 전선인 도나우 지역에서 10여 년에 걸쳐 이민족과 싸우면서 군사들을 진두지휘했다. 『명상록』은 이 와중에 쓰인 것이다. 그는 세네카, 에픽테토스와 함께 후기 스토아 철학의 대표자 중

하나로 꼽힌다. 스토아 철학은 기원전 3세기경 그리스의 제논에 의해 창시되어 로마 제정 시대에 전성기를 누렸는데, 이때의 스토아 철학이 후기 스토아 철학이다.

『자신에게』라는 제목이 시사하듯이 『명상록』은 다른 사람을 위해 쓴 글이 아니라 승패가 오가는 전쟁터 한가운데에서 요동하기 쉬운 자신의 마음을 다잡기 위해 쓴 글이다. 『명상록』에서 아우렐리우스는 스스로를 '그대'라고 부르며 격려하기도 하고, 경책하기도 한다. 이렇듯 『명상록』은 아우렐리우스가 시간 날 때마다 틈틈이 쓴 일기와도 같기에, 일정한 체계가 없고 중복되는 부분도 상당히 많다. 이 책에서 그는 우주의 섭리, 우주에서 인간이 차지하는 위치, 인간의 도리, 운명과 행복, 죽음, 대인관계, 정신 수양 등에 관해 다채롭게 아우르며 성찰하고 있다.

아우렐리우스를 비롯한 스토아 철학자들에게는 인간의 마음이야말로 인간에게 속한 내적인 세계로서, 인간이 스스로 통제할 수 있는 유일한 세계였다. 우리 마음에서 일어나는 일들, 즉 우리의 판단과 감정과 욕망은 우리 자신에게 달린 것이다. 이에 반해 육체와 건강, 부와 명예 등 우리 마음 밖에서 일어나는 일들은 우리가 마음대로 할 수 없는 외적인 세계다. 외적인 세계는 우리 뜻대로 움직이지 않기에, 외적인 세계에서 행복을 찾으려고 하면 우리는 끊임없이 불안감과 초조함에 사로잡힐 수밖에 없다. 따라서 우리는 외부 세계를 바꾸려는 노력보다는 자신의 마음을 잘 다스림으로써 행복을 얻을 수 있다. 『명상록』에서도 우리는 아우렐리우스가 불안이나 초조 그리고 갖가지 욕망을 다스리기 위해 끊임없이 자신을 가다듬는 모습을 볼 수 있다.

처음 『명상록』을 읽었을 때 "다 옳은 말이긴 하지만, 공자 말씀처럼 고리타분해 이 시대 현대인에게는 맞지 않는 말이 아닌가?"라는 느낌이 들었었다. 배우나 가수를 비롯한 연예인이 각광받는 시대인 오늘날에 높이 평가받는 것들은 대체로 자유분방한 상상력과 창의력의 결과물이다. 아우렐리우스처럼 근면하고 성실하며 검소한 태도, 공동체의 이익을 우선하는 마음, 항상 평온한 상태를 유지하는 방법 등 '덕'을 진지하게 설파하는 사람이 요즘 있다면 꼰대 취급을 받기 십상일 것이다. 그러나 이 책을 두 번째로 펼쳤을 때,

나는 나도 모르게 자못 숙연해져 자세를 가다듬고 경건한 마음으로 읽어 내려가고 있었다. 황제의 몸임에도 끊임없이 자신을 성찰하면서 인격을 연마했던 황제의 진지함과 진정성을 확인했기 때문이다.

'로마 황제'라는 자리는 화려하기 그지없으나 한없이 위태로운 자리이기도 했다. 암살과 반란의 위협은 항상 존재했으며 변방의 외적이 언제 쳐들어올지 몰랐다. 이렇게 벼랑 끝의 기분으로 매일을 산다면, 네로의 삶에서 보듯 어지간한 인간은 끊임없는 불안과 번뇌에 사로잡힐 것이다. 그리고 이러한 고통에서 벗어나기 위해 환락이나 광기에 쉽게 빠져들 것이다. 아우렐리우스도 황제의 지위가 버겁지 않았겠는가? 그 역시 깊게 믿었던 신하 카시우스의 반란을 겪고, 재위 기간의 절반을 넘는 10여 년을 전쟁터에서 살아야만 했다. 그의 생애에 관해 뒤에서 다시 언급하겠지만, 그의 재위 기간에는 전염병·지진·홍수·가뭄 등의 자연재해 발생도 극심했다. 이 때문에 아우렐리우스는 제국이 직면한 갖가지 문제를 해결하기 위해 진력해야 했다. 이처럼 아우렐리우스가 처한 극한의 상황을 떠올리면, 『명상록』은 더욱 감동적으로 읽힐 수밖에 없다.

자신이 처한 험난한 상황에서 아우렐리우스 역시 수많은 불안과 두려움, 명성을 향한 욕망 등으로 자기 내면이 격하게 흔들리고 있음을 느꼈을 테다. 그 상황에서도 끊임없이 자신의 정신을 다잡는 『명상록』 속 그의 문장에서 우리는 역설적으로 그의 고뇌와 번민을 여실히 느끼게 된다. 그는 운명을 사랑하라고 말하지만, 그가 운명을 아무런 어려움 없이 온전히 사랑할 수 있었다면 그런 말도 하지 않았을 것이다. 그 역시 이왕이면 승리라는 운명이 전쟁터 속 자신을 찾아오길 바랐을 것이며, 전쟁이 종종 뜻대로 풀리지 않을 때는 한탄하고 싶은 마음도 들었을 것이다. 바로 이 때문에 그는 운명을 사랑해야 한다고 끊임없이 자신을 타이르지 않았을까? 명성 따위는 허망하기에 관심을 둘 필요가 없다고 재차 강조하지만, 그 역시 명예욕으로 인해 세차게 흔들리지 않았을까? 죽음에 초연하라고 거듭 말하지만, 그 역시 죽음에 대한 두려움에 사로잡히지 않았을까? 전쟁터 속 수많은 시신을 보며 아우렐리우스는 자기 자신의 죽음도 자주 떠올렸을 것이다. 그래서인지 『명상록』에는 죽음에 관한 언급이 잦다. 명성이나 죽음에 관해 이미 초연했다면, 자기 자신에게 "명성과 죽음에 초연하라"라는 말도 하지 않을 것이다. 우리는 『명상록』 속 인생의 도리를 수없이 스스로에게 되뇌는 황제의 모습 이면에서 우수와 번민을 느낄 수 있다. 아우렐리우스는 수만 명의 군사와 헤아리기 어려울 정도의 신하와 백성을 거느리고도, 그 누구보다 고독하고 적막한 삶을 살았을지도 모른다.

니체는 『도덕의 계보』에서 호머가 아킬레스였다면 『일리아드』 같은 작품도 쓰지 않았을 것이고, 괴테가 파우스트였다면 『파우스트』와 같은 작품도 쓰지 않았을 것이라고 말했다. 아우렐리우스 역시 자신이 말하는 이상적인 삶을 완벽하게 구현한 사람이었다면 그러한 이상을 자신에게 이토록 되뇌지 않았을 것이다. 이렇게 말하는 것은 아우렐리우스를 깎아내리기 위한 것이 아니다. 그 역시 우리처럼 불완전한 인간이면서도 끊임없이 자신을 수양했던 진실하고 고매한 인간이라는 사실을 강조하고 싶어서다.

『명상록』은 로마 시대에 쓰였으나 이 책이 전개하는 사상에서 우리는 근현대의 철학자들을 얼마든지 떠올릴 수 있다. 행위의 결과보다 마음가짐을 중시하는 태도에서 우리는 칸트의 윤리학을 떠올릴 수 있으며, 운명을 사랑하라고 이야기하는 대목에서는 스피노자와 니체의 모습을 찾아볼 수 있다. 셰익스피어, 몽테뉴와 미국 현대 문학의 거장 존 슈타인벡 같은 작가와 철학자의 작품들에서도 물론 아우렐리우스의 사상을 엿볼 수 있다. 원자바오 전 중국 총리와 빌 클린턴 전 미국 대통령 등과 같은 정치가들 역시 『명상록』에서 큰 감화를 받았다고 언급한 적이 있다. 특히 다독가로 유명한 빌 클린턴 대통령은 가장 좋아하는 책 21권 중 으뜸으로 이 책을 꼽았으며, "1년에 두 번은 반드시 읽는다"라고 말했다. 이런 의미에서 『명상록』은 후대에도 꾸준한 영향을 미치면서 시대를 뛰어넘는 울림을 선사하는 고전 중의 고전이다. 『명상록』은 우리와 그것 사이에 존재하는 머나먼 시간적 거리에도 불구하고, 오늘날의 그 어떤 베스트셀러보다 우리를 감화하는 힘을 지녔다. 우리 삶을 돌이켜보며 지금보다 더 나은 삶을 살겠다는 각오를 강력히 불러일으킨다는 점에서 매우 그러하다.

전쟁터 한가운데서 일기를 쓰며 자신의 마음을 항상 평온하면

서도 고결하게 유지하고자 했던 황제, 마르쿠스 아우렐리우스. 그
가 그토록 굳은 마음으로 일기를 적은 것은, 하루를 돌아보려는 단
순한 의도라기보다는 손으로 쓰며 일상을 톺아봤을 때 훨씬 더 일
목요연하고도 심도 있는 성찰이 가능했기 때문일 테다. 손으로 직
접 쓰며 읽는 것과 눈과 머리로 읽는 것은 차원이 다른 독서다. 글
을 손으로 직접 옮겨 쓰는 '필사'는 온몸의 정성과 집중을 요하는
독서법이다.

전쟁터에서 일기를 쓰는 황제의 모습에, 치열한 경쟁사회 속
우리 모습을 덧대어 본다. 그가 처한 상황과 우리가 겪는 지금이,
본질적으로 크게 다를 바 없이 느껴진다. 전쟁 같은 경쟁 속에서 우
리 정신은 불안과 초조에 사로잡히기 쉽고, 이러한 감정은 이기적
이고 타산적인 사람으로 살고 싶은 욕망을 부추긴다. 그러나 아우
렐리우스가 『명상록』을 통해 그의 마음을 치유했듯, 독자들도 이
책을 써내며 평온하고 고결한 정신을 가진 한 인간으로 거듭나기를
바란다.

목차

Marcus Aurelius Antoninus

피할 수 없는 운명을
사랑할 수 있는가?

Part 1

해제 ◇

불행 속에서도, 아모르 파티*Amor Fati*

_니체와 아우렐리우스

운명과 자연 그리고 신에 관한 아우렐리우스의 사상은 동양의 격언인 "진인사대천명盡人事待天命"이라는 말이 근거하는 사상과 매우 유사하다. "진인사대천명"이란 "인간이 할 수 있는 일을 다 하고 하늘의 뜻을 기다리라"라는 의미다. 인간은 최선을 다하여 어떤 상황에서 무엇을 하는 게 옳은지를 결정하고 또한 이 결정을 최선을 다하여 실행해야 한다. 그러나 인간의 뜻과 하늘의 뜻은 다를 수 있기에, 뜻대로 일이 진행되지 않을 수 있다. 이때 인간은 더 위대하고 완전한 하늘의 뜻을 받들어 자신의 운명을 불평 없이 수용해야 한다. 여기서 하늘은 신이라고도, 자연으로도 불릴 수 있다. 따라서 진인사대천명이란 말에는 신이나 자연의 섭리가 갖는 선함과 완전함에 갖는 신뢰와 긍정이 전제되어 있다.

아우렐리우스는 자연을 지배하는 섭리가 존재한다고 보고, 이러한 섭리를 신적인 이성을 의미하는 로고스Logos라고 부르며 신이라고도 부른다. 여기서 신은 흔히 종교에서 섬기는 자연 너머의 존재, 초자연적 존재로서의 신을 뜻하는 게 아니다. 아우렐리우스의 신은 자연 속에서 자신을 전개하고 자연의 운행을 지배하는 존재다. 또한 여타 종교의 인격신처럼 인간이 기도하면 들어주는 신이 아니라 독자적인 법칙에 따라서 자연을 지배한다. 따라서 인간이 이러한 신에게 취할 태도는 자신의 개인적인 소망을 기원하는 것이 아니라 자신에게 닥친 일을 신의 섭리로 알고 기꺼이 긍정하는 것이다.

아무리 불행한 일로 보이더라도 그 일이 신의 섭리라고 한다면, 우리는 기꺼이 받아들일 수 있다. 불행하다고 느끼는 일의 실상은 우리 자신과 우주를 위해 신이 초래한 것이므로 인간은 이를 긍정해야 한다. 더 나아가 아우렐리우스는 우주라는 도시에서 신이 정해준 배역을 맡아서 사는 것이 인간의 삶이라고 말한다. 누군가는 거지 역할을, 또 다른 누군가는 황제 역할을 맡을 수도 있다. 그 배역은 오래갈 수도, 짧게 끝날 수도 있지만 이는 부수적인 문제다. 우리에게 가장 중요한 일은 최선을 다해 맡은 배역을 수행하는 것이다. 배우가 자기 배역에 할당된 운명을 불평하지 않듯, 우리 역시 우리 운명을 아무런 불만 없이 받아들여야 하며 더 나아가 기뻐할 수 있어야 한다. 이는 세계의 운행이라는 신성한 연극 전체를 위해 필요한 '운명'이기 때문이다.

연회에 초청받아 참석해 놓고 주인에게 내가 좋아하는 음식을 내달라고 요청하는 것은 가당치 않은 일이다. 그러나 우리는 우리가 원하는 것을 신이 내어놓길 바라며 기도한다. 신이 우리에게 아주 많은 것을 차고 넘치게 주었음에도 말이다. 이렇게 이야기하는 이유는 인간의 육신은 우주와 비교하면 작은 점에 불과하지만, 인간의 이성은 신적인 이성보다 열등하지 않아서다. 어떤 극한의 상황에서도 우리는 신이 부여한 자연적 본성인 이성에 따라 삶으로써 행복할 수 있다.

설령 불행한 일을 당하더라도 이성이 있기에 우리는 그 일을 자기 수양의 기회와 발판으로 활용할 수 있다. 따라서 운명을 긍정하라는 아우렐리우스의 조언은 주어진 운명이 싫더라도 체념하고 받아들이라는 뜻이 아니라, 오히려 그 운명을 정진과 도야를 위해 신이 우리에게 준 선물로 활용하라는 것이다. 불행하다고 느낄 때 우리가 해야 할 일은 불행을 없애달라고 신에게 기도하는 것이 아니라, 이 불행을 매사에 의연하면서도 평온한 마음을 육성할 기회로 삼는 것이다. 어떠한 불행도 우리는 선을 이룰 재료로 만들 수 있다. 따라서 아우렐리우스는 신에게 기도하더라도 다음과 같이 기도하라고 말한다.

"신은 우리를 위해 무언가를 해줄 능력이 있거나 아니면 없거나 둘 중 하나다. 신에게 그럴 능력이 없다면, 그대는 왜 신에게 기도하는가? 신에게 그럴 능력이 있다면, 그대는 어떤 일이 일어나기를, 또는 일어나지 않기를 바라며 기도하지 말라. 오히려 그 어떤 것도 탐하지 않게 해달라고, 그 어떤 일에도 두려워하고 슬퍼하거나 불평하지 않게 해달라고 기도하라."

우리 육신이 우주 전체와 연결되어 있다면, 우리 정신 역시 우주와 우주를 다스리는 신과 연결되어 있다. 인간의 정신이 신과 이토록 굳건히 연결되어 있다면, 신이 자신의 일부와도 같은 우리가 행하는 모든 움직임을 당연히 자기 움직임처럼 느낄 것이다. 따라서 우리는 홀로 존재한다고 생각해서는 안 된다. 신과 신이 우리에게 선물한 수호신인 이성은 우리와 항상 함께한다. 군인들이 카이사르에게 충성을 맹세하듯이 우리도 신에게 충성을 맹세해야 한다. 신이 항상 우리 옆에 서서 우리가 하는 모든 일을 지켜보고 있다는 것을 기억한다면, 우리는 악을 범하지 않을 것이다.

우리 중 대부분이 온종일 돈을 어떻게 벌 것인지 궁리한다. 그러나 우리가 참으로 해야 할 일은 돈을 쉽게, 많이 버는 것이 아니다. 우주가 돌아가는 이치가 무엇인지, 그 속에서 이성을 부여받은 존재인 인간이 어떤 위치를 차지하는지를 생각하며 이성에 따라서 사는 일이다. 선하고 진실한 사람은 마치 모범적인 시민이 국법에 복종하듯, 만물을 다스리는 신의 뜻에 묵묵히 따르며 신의 뜻이 무엇인지를 살피는 사람이다.

아우렐리우스의 이러한 자연관과 신관은 스토아 철학에 입각해 있다. 스토아 철학은 세상의 모든 것은 신적인 섭리인 필연적인 인과관계에 의해 긴밀하게 얽혀 있으며, 이 세계는 만물이 서로 필요로 하는 살아 있는 유기체를 형성하고 있다고 본다. 신적인 섭리가 지배하기에, 이세계는 그야말로 완벽한 세계다. 이러한 사상은 나중에 니체에게서도 확인할 수 있다. 니체 역시 세계의 모든 일은 긴밀히 연결되어 있으며, 세계는 그중 어떤 것 하나도 빠져서는 안 되는 완벽한 상태라고 봤다. 이처럼 니체는 이 세계를 아름답고 완전한 것으로 긍정하는 운명애를 주창했다. 아우렐리우스에게도 이 세상은 지금 이대로 완벽한 상태였다. 세상에서 일어나는 어떤 일에 대해서 불평해서는 안 된다고 말하는 그의 태도에서, 우리는 우리에게 벌어진 일들을 악하고 불행한 것으로만 취급한 사고의 협소함을 돌아보게 된다. 자기 이익만을 좇는 이기적인 관점에서 벗어나 우주 전체의 관점에서 보면, 어쩌면 내게 벌어진 불행은 불행이 아니었을지도, 도리어 꼭 필요한 과정일 수도 있다.

모든 것은 서로 연결되어 있고 얽혀 있으며,

신성한 존재가 만물을 하나로 묶고 있다.

따라서 만물은 서로 친근하며,

낯설고 이질적인 것은 하나도 없다.

만물이 자신에게 배정된 자리를 지키고

자신의 역할을 다하면서

조화로운 우주를 이루고 있다.

만물을 관통하는 단 하나의 질서,

곧 오직 하나의 신, 하나의 실체, 하나의 법칙,

모든 이성적 피조물이 공유하는

하나의 공통된 이성과 하나의 공통된 진리가 있다.

그대가 그대에게 일어난 모든 일들에

기뻐해야 할 두 가지 이유가 있다.

첫째로, 그 일은 태초의 원인과 그의 연쇄를 통해

그대에게 일어난 일이며,

더 나아가 그대를 위해 일어나도록

원래 예정되었던 일이기 때문이다.

둘째로, 개개인에게 일어나는 모든 일은

우주 전체의 완성과 행복,

나아가 그것의 존속 자체를 위해 필요하기 때문이다.

이어서 ●——➔

서로 결합해 하나의 전체를 이루는 원인과 부분에서

아주 조그만 무엇이라도 잘라낸다면

우주 전체의 완전성은 훼손되고 만다.

확실한 것은 그대가 어떤 일에 불만을 가질 때마다,

그대는 우주 전체에서 일부를 잘라내는 것이며

이와 함께 우주 전체의 완전성을 훼손하고 있다는 것이다.

발이 자기가 해야 할 일을 하고

손이 자기가 해야 할 일을 하는 한,

그것들의 노고나 그것들이 겪는 고통은

자연에 반하는 것이 아니다.

마찬가지로 인간이 인간으로서 해야 할 일을 하는 한,

그의 노고나 그가 겪는 고통은

자연에 반하는 것이 아니다.

자연에 반하지 않는다면, 인간에게 해롭지도 않다.

우주는 다음 세 가지 중 하나일 수밖에 없다.

숙명적이고도 불가피한 절대적 섭리가 지배하는 곳,

자비롭고 유연한 섭리가 있는 곳,

아니면 질서와 섭리가 전혀 없는 혼돈만이 가득한 곳.

만약 우주를 지배하는 절대적인 섭리가 있다면,

그대가 그대에게 일어나는 일에

못마땅해하거나 저항하는 것은 무의미하다.

만약 우주를 운영하는 것이 자비롭고 유연한 섭리라면,

그대는 신의 도움을 받기에 합당한 존재가 되면 된다.

만약 우주에 질서와 섭리가 전혀 없는 혼돈만이 존재한다면,

그대는 혼돈의 파도 속에서

그대를 인도할 이성이 그대에게 있다는 사실에 기뻐하라.

혼돈의 파도에

그대의 신체, 생명 또는 그에 속한 모든 것이 휩쓸려 간대도

그대의 이성은 휩쓸려 갈 수 없다.

제12권
◇
14

그대에게 일어나는 모든 일은

우주의 본성에 따라 일어난다.

그리고 그대는 신과 그대 내면의 신성에 반하는 일을

하지 않을 능력을 지닌다.

이는 그 누구도 그대를 강요하여

신에게 반하는 일을 하게 할 수는 없기 때문이다.

제5권
◇
10

세상의 복을 받을 때

우쭐해하지 말며 겸손하게 받고,

그것을 다시 빼앗길 때는 기꺼이 내어주라.

제8권
◇
33

세상에 악인이 없기를 바라는 것은 미친 짓이다.

그것은 불가능한 일이기 때문이다.

악인이 다른 사람에게 악을 저지를 때는 묵과하면서,

누군가가 자신에게 해를 끼치는 순간을

묵과하지 못하는 것은

정의에 반하는 짓이며, 실로 폭군과도 같은 태도다.

꼭두각시처럼 욕망에 끌려다니는 것은

야수, 이상성욕자, 팔라리스나 네로 같은 이들에게나

가능한 일이다.

그러나 자신에게 일어나는 모든 일을

예정된 운명으로 생각하며 기쁘게 받아들이고,

수많은 헛된 환상과 상상으로

정신을 어지럽히지 않으며

신에게 온전히 복종하여

진리에 반하는 말을 하거나

정의에 반하는 행동을 절대 하지 않는 것은

참으로 선한 사람에게만 가능하다.

이렇게 선한 사람은 자신이 진실하고 양심적이며

즐겁고 만족스러운 삶을 산다는 사실을

아무도 믿지 않더라도,

화내는 일 없이 묵묵히 자신의 길을 갈 뿐이다.

제3권
◇
16

운명이 그대에게 정해준 환경과 사건들을

기꺼이 받아들이라.

운명이 함께 살게 한 사람들을 사랑하되

온 마음을 다해 사랑하라.

자신에게 일어나는 세상의 일들 때문에

비탄에 빠지고 괴로워하는 자는

희생양이 되어 바둥대며

비명을 지르는 돼지와 다를 바 없다.

침상에 홀로 누워

자신의 운명을 한탄하는 자도 그러하다.

모든 피조물은 운명에 절대로 복종할 수밖에 없지만,

이성을 갖는 피조물인 인간은

운명을 기꺼이 받아들일 수 있다.

운명에 의해 결국 일어날 수밖에 없는 것이라면,

미래의 일을 미리 걱정하지 말라.

지금 일어나는 모든 일을

견딜 수 있게, 받아들일 수 있게 하는

바로 그 이성의 힘으로

그대는 미래의 일에도 응할 수 있다.

신은 우리를 위해

무언가를 해줄 능력이 있거나 아니면 없거나 둘 중 하나다.

신에게 그럴 능력이 없다면, 그대는 왜 신에게 기도하는가?

신에게 그럴 능력이 있다면,

그대는 어떤 일이 일어나기를,

또는 일어나지 않기를 바라며 기도하지 말라.

오히려 그 어떤 것도 탐하지 않게 해달라고,

그 어떤 일에도 두려워하고 슬퍼하거나

불평하지 않게 해달라고 기도하라.

신이 우리를 도울 수 있다면,

이미 그 일들을 분명 도왔을 것이다.

이어서 ⟶

그대는 이렇게 말할지도 모르겠다.

"신은 그런 것들로부터 자유로워질 능력을 내게 주셨다"라고.

그렇다면, 그대의 힘으로

얻을 수 없는 것을 달라고 구걸하거나

피할 수 없는 것을 피할 수 있도록 신에게 구걸하기보다는,

신이 그대에게 준 능력을 제대로 사용하는 편이 낫지 않겠는가?

신이 우리에게 준 이성적 능력을 활용하여

우리 힘으로 할 수 있는 일을 하고자 할 때

신이 우리를 돕지 않을 것이라고 누가 감히 말할 수 있는가?

그런 일을 두고 신에게 기도해 보라.

그러면 그대는 깨달을 것이다.

이어서

어떤 이가 한 여인과

잠자리를 같이하게 해달라 기도한다면,

그대는 여인과 자고 싶은 욕망이 일지 않게 해달라고 기도하라.

어떤 이가 한 사람과 떨어져 살게 해달라 기도한다면,

그대는 누군가와 떨어져 살고 싶은 마음이

일지 않게 해달라고 기도하라.

어떤 이가 "내 아이를 구해주소서"라고 기도한다면,

그대는 자식을 잃을까 두려워하는 마음을

갖지 않게 해달라고 기도하라.

그대의 기도를 이런 식으로 다 바꾸고 난 뒤,

그대에게 무슨 일이 일어나는지 잘 살펴보라.

제9권
◇
40

그대가 곤경에 처할 때마다

그대와 같은 곤경에 처해

슬퍼하고 분노하고 불평했던 자들을 떠올려 보라.

그들은 지금 어디에 있는가?

모두 죽어 사라졌다.

그런데도 그대는 그들처럼 되고자 하는가?

그대는 오직 그대가 처한 곤경을

자신의 성장을 위해 활용할 수 있는지 생각하고

그에만 집중하라.

그대는 얼마든지 그러한 곤경을 이용할 수 있다.

그때 그것은 그대가 선을 이루는 데에 좋은 재료가 된다.

어떤 상황이든 선을 실현할 기회로 활용하라.

외부의 방해 때문에

목적하는 바를 이루지 못할 수는 있다.

그러나 그 어떤 것도 그대가

선의와 함께 정의롭고 분별 있게 행동하는 것을

막을 수는 없다.

외부의 방해가 있더라도

그것을 기꺼이 수용하면서,

그대가 처한 상황 속에서

그대가 할 수 있는 최선의 행동을 하면 된다.

제8권
◇
32

태양이나 바람 혹은 짐승이 그러하듯

해야 할 일을 방해하는 존재가 사람일 수 있다.

그러나 그것들은 나의 활동을 방해할 수 있어도

나의 정신에는 어떠한 방해도 될 수 없다.

이는 정신을 통해 내가 처한 조건과 상황을

내 발전을 도울 존재로 전환할 수 있기 때문이다.

내 활동을 방해하는 존재도,

정신을 통해

내 덕을 기르고 성장시킬 발판으로 전환할 수 있다.

제5권
◇
20

온 세상이 그대에게 온갖 비난을 퍼붓고

사나운 짐승이

그대의 연약한 육신을 찢어발겨도

그대는 명랑하게 평정 속에서 살아갈 수 있다.

그대는 자신에게 닥친 일들을

평온 속에서 올바르게 파악하여

그것들을 얼마든지 알맞게 쓸 수 있다.

그대가 부딪히는 모든 일은

그대가 자신의 이성적이고 공동체적인 미덕을

실현하게 만드는 재료다.

Marcus Aurelius Antoninus

주어진 것만으로도
행복할 수 있는가?

Part 2

주어진 것만으로도
행복할 수 있는가?

해제 ◇

이성을 따르고 실현할 때,
인간은 비로소 행복해진다

_ 아리스토텔레스와 아우렐리우스

스토아 철학에 따르면, 인간은 자연을 지배하는 신적인 이성과 동일한 이성을 공유하고 있기에 인간과 신의 관계는 일종의 혈육 관계와도 같다. 따라서 인간은 신의 섭리인 자연법칙에 따라서 살아야 하는데, 이는 인간이 자연이 자신에게 부여한 본성인 이성에 따라서 사는 것과 같다. 짐승처럼 욕망이나 충동에 이끌리는 것이 아니라 이성이 인간의 영혼을 지배해야 하며, 이처럼 이성에 따라서 살아야만 인간은 진정으로 행복할 수 있다.

아우렐리우스 역시 자연이 인간에게 선사한 본성인 이성에 따라서 사는 삶만이 행복한 삶이라고 말한다. 인간만이 자신을 성찰하면서 자신의 욕망과 감정을 절제할 수 있는 이성적 능력을 지니고 있다. 이렇게 자신의 이성적 능력을 온전히 실현하는 것이 덕德이며, 행복한 삶이란 지혜·절제·용기·정의와 같은 덕을 구현하는 삶이다. 인간뿐 아니라 다른 동물 역시 자연이 자신에게 부여한 본성에 따라서 산다. 말이 힘껏 달리고 싶은 자기 본성을 구현하지 못할 때, 물고기가 물속에서 마음껏 헤엄치지 못할 때 그들이 몸을 뒤틀며 괴로워하는 것처럼 말이다.

　　이러한 행복관은 현대인의 쾌락주의적 행복관과 전적으로 대립한다. 현대인은 행복을 감각적 쾌락과 자주 동일시한다. 그러나 이러한 감각적 쾌락주의는 에리히 프롬이 그의 명저 『소유냐 존재냐』에서 말했듯 우리를 불행으로 이끈다. 거의 모든 종류의 감각적 쾌락은 찰나이기에, 쾌감의 순간이 지나면 바로 권태가 우리를 엄습한다. 이러한 권태는 우리가 새로운 감각적 쾌락을 욕망할 때 끝나지만, 그 욕망은 쉽게 충족될 수 없다. 가능한 한 많은 감각적 쾌락을 충족하기 위해서는 그에 필요한 대가, 즉 물질적 부가 축적되어야만 가능해서다.

　　그러나 쾌락을 향한 욕망을 충족할 정도의 방대한 물질적 부는 쉽게 마련되지 않는다. 따라서 현대인은 더 많은 재산을 축적하기 위해 온갖 편법과 노고를 마다하지 않는다. 이처럼 욕망을 좇는 감각적 쾌락주의의 삶은 대표적인 염세주의 철학자 쇼펜하우어가 말하듯 "욕망과 권태 사이에서 오락가락하는 시계추와 같은 삶"이다. 또한 스토아 철학의 창시자인 제논이 말했듯, 감각적 쾌락에 탐닉하는 삶은 인간을 쾌락을 위해 기꺼이 양심까지도 내다 팔 수 있는 나약한 존재로 만든다.

아우렐리우스의 행복관은 스토아 철학의 행복관이기도 하지만, 이러한 행복관의 연원을 따져 보면 아리스토텔레스의 행복관에까지 거슬러 올라간다. 아리스토텔레스 역시 인간이 자신의 자연적 본성인 이성적인 능력을 구현하는 것이야말로 행복이라고 봤다. 물론 아리스토텔레스는 인간이 행복하기 위해서 정신적 요소들 외에도 건강과 외모, 절제된 감각적 향유, 일정 수준의 독립적 재산, 좋은 가문과 친구가 필요하다고 생각했다. 이에 비해 아우렐리우스를 비롯한 스토아 철학가들은 그런 요소들이 행복해지는 일과는 무관하다고 봤다. 이 점에서 스토아 철학가들은 아리스토텔레스보다 인간이 지닌 이성의 능력을 훨씬 더 높이 평가했다고 할 수 있다.

스토아 철학에 따르면 이 세계에는 신적인 이성이 지배하고 있지만, 인간세계에는 사실은 전쟁을 비롯한 갖가지 악과 투쟁, 그에 따른 불행이 존재한다. 그러나 스토아 철학은 이러한 현실에도 불구하고 우리 인간은 이성이 있기에 스스로 이성적인 덕을 실현하고 있다는 사실에 만족하면서 행복하게 살 수 있다고 생각했다. 아우렐리우스 역시 빈부나 명성의 유무에 상관없이 우리 인간은 덕을 실현할 때 행복하게 살아갈 수 있다고 말한다. 그에 따르면 어떠한 불행도 우리가 이성에 따라 사는 삶을 방해할 수 없으며, 또한 우리는 자신이 올바른 삶을 살고 있다고 생각할 때 충분히 만족할 수 있다. 따라서 우리는 이성적인 삶을 살면서 자족하는 것을 단단한 요새로 삼아야 한다. 이러한 자족함은 난공불락의 요새다. 우리는 행복을 부나 명예를 얻는 일이나 한적한 해변 또는 산골을 찾는 여정이 아닌 우리 내면, 마음에서 찾아야 한다. 그래야 비로소 행복해질 수 있다.

또한 아우렐리우스는 인간의 자연적 본성인 이성은 자기 행복뿐 아니라 공동체의 이익을 도모하려는 성향도 지녔다고 말한다. 이 경우 공동체는 자신이 속한 가족과 국가뿐 아니라 인류 전체와 우주 전체까지 포괄한다. 스토아 철학은 세계 전체를 하나의 커다란 도시에 비유한다. 우리는 세계라는 하나의 도시에서 각자 맡은 배역에 임하는 사람들로, 인간은 도시의 시민으로서 공동체가 요구하는 의무와 덕을 수행하면서 모든 동료 시민을 자애롭게 대해야 한다.

이러한 사상은 황제나 노예를 불문하고 모든 인간은 고귀한 이성을 갖고 있기에 동등한 존엄성을 갖는다는 사해동포주의(세계 시민주의)로 통한다. 아우렐리우스도 자기 자신을 향해 "그대는 로마의 시민일 뿐 아니라 우주의 시민이라고 여겨야 한다"라고 말한다. 이처럼 사해동포주의자로서 아우렐리우스는 노예들마저도 자기 혈육이자 형제나 마찬가지라며, 시민 모두를 똑같이 신의 자녀들이라고 여겼다.

이처럼 스토아 철학은 공동체의 이익을 도모하는 것을 강조하면서 정치 참여를 당연시한다. 이와 대비되는 철학이 바로 에피쿠로스주의의 사조다. 에피쿠로스주의자들은 내면의 평화와 공동체 참여를 서로 양립할 수 없다고 보고, 정치에 관여하지 않고 시골에서 그들만의 우정 공동체를 만들어 살았다. 이에 반해 스토아 철학은 우리 인간은 내면의 평화를 공동체에서 자신의 의무와 덕을 구현하는 것과 긴밀하게 결부시켰다. 이 점에서 스토아 철학은 로마

제국의 시민들을 공동체에 대해서 강한 책임 의식을 갖는 인간으로 육성하는 데 크게 기여했다.

짧은 인생에서 우리가 맺어야 할

유일한 열매는,

거룩하고 정의로운 성품과

공동체를 위한 실천들뿐이다.

제6권
◇
30

그대가 바른 원리에 따라 살아가는 데에

종종 성공하지 못할지라도,

낙담하거나 좌절하지 말라.

바른 원리로 다시 돌아오면 된다.

그대가 바르게 살려고 애쓰고 있으며,

그대의 행동 대부분이 인간 모두에게

큰 가치가 있다는 사실에 기뻐하라.

주어진 것만으로도 행복할 수 있는가?

제5권
◇
09

모든 생물은 자신만의 자연적인 본성에 따라 살 때

자기 삶에 만족한다.

인간 역시 인간만의 자연적 본성인 이성에 따라 살 때

자기 삶에 만족할 수 있다.

이성에 따라서 산다는 것은

거짓된 생각, 애매한 생각을 거부하고

공동의 선만을 기준 삼아 결단하고 행동하는 것이다.

자신의 힘으로 이룰 수 있거나 피할 수 있는 것 외에는

아무것도 원하지도, 피하지도 않으면서

우주가 자신에게 예정한 모든 일을

기쁘게, 기꺼이 받아들이는 것이다.

이어서 ⟶

이는 나뭇잎이 그가 속한 식물의 부분으로서,

그 식물이 자신에게 할당한 역할을 다하는 것과 마찬가지다.

그러나 나뭇잎은 감각과 이성이 없기에

외부의 방해에 무력하다.

반면에 인간은 감각과 이성이 있기에

외부의 방해에도 이성적이고 정의롭게 살 수 있다.

제8권
◇

아침에 잠자리에서 일어나기 싫을 때는

자기 자신에게 다음과 같이 말하라.

"그대는 즐거움을 누리기 위해 세상에 태어났는가?

오히려 활동하기 위해 태어난 것은 아닌가?

작은 나무와 참새, 개미, 거미, 꿀벌을 보라!

이들도 우주의 질서를 위해 주어진 의무를 다하려 애쓰는데,

그대는 어찌 인간에게 주어진 일을 하지 않으려 하는가?

그대 본성에 합당한 일을 왜 하지 않으려 하는가?

물론 휴식도 필요하다.

그러나 자연이 적정선을 지키는 것처럼

휴식에도 적절한 한계가 필요하다."

제5권
◇
01

다른 사람이 무슨 말을 하고 무슨 짓을 해도

그대는 그대의 자연적인 본성에 따라 선해야 한다.

이는 황금이나 에메랄드나 자주색 옷감이

"누가 무슨 말을 하고 무슨 짓을 해도

나는 에메랄드이고 내 빛깔은 변하지 않는다"라고

말하는 것과 마찬가지다.

그대가 우주 속의 일부라는 사실을 명심한다면,

그대는 그대에게 일어나는

모든 일에 만족할 것이다.

또한 그대가 그대와 같은

이성적 본성을 지닌 모든 인간과

혈육과도 같은 관계에 있다는 사실을 명심한다면,

공동체에 해가 되는 일은

절대로 하지 않으려 주의할 것이며

동료 시민들에게 유익한 일만 실천하려 할 것이다.

제10권
◇
06

평생 단 하나의 통일된 목적으로 삶을 살지 않는 자는

결코 하나의 인간이라고 할 수 없다.

그러나 이 말에 그 목적이

어떤 것이어야 하는지를 덧붙이지 않는다면

그 말만으로는 부족하다.

어떤 일이 선한 것인지는 뭇사람의 판단이 서로 다르지만,

오직 한 가지에 관해서만은 모든 사람의 판단이 일치한다.

그것은 공동체에 이익이 되는 것은 선하다는 것이다.

따라서 우리는 공동체의 이익,

즉 동료 시민들의 이익을 위해 사는 것을

인생의 목적으로 삼아야 한다.

이 목적에 자신의 모든 노력을 쏟는 자는

모든 행동이 한결같을 것이며,

이와 함께 하나의 통일된 정체성을 갖는 인간이 될 것이다.

제11권
◇
21

끊임없이 선행을 이어가는 것을

인생의 낙으로 삼는 것,

그것 외에 인생에서 할 일이 무엇이 있겠는가?

제12권
◇
29

에페수스*인들 사이에는

고대의 덕망 있는 인물 중

한 명을 늘 마음속에 기억하며 살아야 한다는

교훈이 있다.

* 에페수스Ephesus: 튀르키예반도 서해안에 위치, 아우렐리우스 집권 당시 번영을 누렸던 고대 도시.

제11권
◇
26

이웃이 무슨 말을 하고 무슨 행동을 하며

무슨 생각을 하는지는 관심 두지 않은 채

오직 자신이 하는 말, 행동, 생각이

올바르고 성스러운지에만 관심 두는 자는

평안하고 여유가 넘치게 된다.

선한 자는 주위 사람들의 악을 곁눈질하지 않고

자신의 목표를 향해 달려갈 뿐이다.

가축처럼 비참하게 일하지도 말고,

동정이나 찬탄을 받기 위해 일하지도 말라.

오직 공동체의 이성에 따라 일하라.

제9권
◇
12

인간에게 진정으로 선하고 유익한 것은

그를 정의롭고 용감하며,

절제하고 관대한 인간으로 만드는 것이며,

인간에게 진정으로 악하고 해로운 것은

그 반대의 인간으로 만드는 것이다.

알렉산드로스, 가이우스, 폼페이우스를

어떻게 디오게네스, 헤라클레이토스, 소크라테스에

비할 수 있겠는가?

이들은 사물의 참된 본성과

모든 원인과 질료를 꿰뚫어 보았으며,

그것들을 지배하는 이성에 따라 살았다.

이에 반해 알렉산더, 가이우스, 폼페이우스 같은 자들은

많은 것을 걱정하면서 많은 것의 노예로 살았다.

아테네인들은 다음과 같이 기도한다.

"선하신 주피터 신이시여,

아테네인들의 모든 경작지와 목초지에 비를 내리소서."

그대는 아예 기도하지 말거나,

아니면 이렇게 순수하게 하라.

자신만을 위해 기도해서는 안 된다.

제5권
◇
07

파도가 끊임없이 밀려와 부딪혀도

굳건히 서서 사나운 파도를 잠재우는

해안의 큰 바위와 같은 사람이 되어라.

"이런 불행을 당하다니

나는 얼마나 불쌍한 사람인가"라고 한탄하지 말라.

오히려 이렇게 말하라.

"이런 일을 당하고도 나는 비탄에 빠지지 않는다.

나는 현재 일어난 일로 인해 상처받지도 않고,

미래에 일어날 일도 두려워하지도 않으니

나야말로 행복한 사람이다"라고.

나를 그대가 원하는 곳

아무 데나 내던져 두어도 좋다.

왜냐하면 거기에서도 나는

자신의 이성적인 본성에 따라 행동하면서

기뻐하고 만족해할 정신을 가졌기 때문이다.

그대는 인간의 자연적인 본성이 원하는 것을

이미 배웠다.

인간의 본성은 공정하고, 고결하며, 절제하고, 지혜롭고,

사려 깊으며, 진실하고, 겸손하며,

나쁜 정념들로부터 자유로워지는 것을 원한다.

그대가 이렇게 되고자 함을

무언가 방해한다고 느낄 때마다

다음의 사실을 떠올려라.

이 일은 불행이 아니다.

이를 대범하게 견뎌내는 것이야말로 진정한 행복이다.

행복은

부나 명예와 같은 외적인 조건들이 아니라

우리 자신에 달려 있다.

행복은 영혼의 선한 성향과 선한 욕망

그리고 선한 행동에 존재하기 때문이다.

제5권
◇
36

그대가 감각적인 쾌락을 좇는 것은

그것이 그대를 즐겁게 만들기 때문일 것이다.

그러나 관대함과 자유로운 정신, 소박함,

자애롭고 사려 깊은 마음, 경건함이야말로

그대를 즐겁게 만드는 것은 아닌지를 잘 생각해 보라.

지혜로운 사람만이 인생을 순리대로 살아갈 수 있다면,

지혜보다 더 우리를 즐겁게 만드는 것이 있겠는가?

악명 높은 강도들, 더럽고 추악한 삶을 살았던 자들,

부친 살해자들, 폭군들이야말로

감각적인 쾌락을 마음껏 누린 자들이었다.

그런데 어떻게 참된 행복이

감각적인 쾌락을 누리는 데 있다고 할 수 있겠는가?

제6권
◇
34

후회란 유익한 무언가를 놓친 일에 대해

자책하는 것이다.

그러나 선한 것이야말로 유익한 것이니,

진정으로 선한 자는 선에만 관심을 둔다.

그는 육체적 쾌락을 놓친 것을 후회하지 않는다.

육체적 쾌락은 선하지도 유익하지도 않기 때문이다.

제8권
◇
10

매우 신성한 사람이 되더라도

아무도 알아주지 않을 수 있다.

그러나 진정한 행복은

극히 적은 것에 달려 있다는 점을 명심하라.

비록 그대가 훌륭한 논리학자나

자연학자가 되지 못하더라도,

그대가 행복하게 되는 데 아무런 문제가 없다.

그대는 관대하고 겸손하며 자비롭고

신에게 순종하는 사람이 될 수 있는 것이다.

인간의 진정한 기쁨은

인간의 본성에 합당한 일을 하는 데에 있다.

인간의 본성에 합당한 일이란

자신과 같은 본성을 지닌 이들,

즉 모든 인간을 친절하게 대하는 것이며

모든 감각적 충동과 욕망을 경멸하고,

자신에게 들어오는 인상들을 받아들일지

아니면 거부해야 할지를 올바르게 판단하고

우주와 그 안에서 이루어지는 일들의

본질을 관조하는 것이다.

제8권
◇
26

그대는 올바른 이성의 규칙을 신중하면서도,

굳건히 그리고 온유하게 따르며

다른 어떤 것에도 흔들리지 않고

그대가 현재 할 일에만 집중하라.

또한 그대의 영혼을 더럽히지 않고 순수하게 보존하여,

그 어떤 것도 소망하거나 두려워하지 않고

그대의 영혼에 충실하고,

한 치의 거짓도 없이

참되게 행동하고 말한다는 것에 만족한다면,

그대의 삶은 행복하리라.

그대가 그렇게 사는 것을 막을 자는 아무도 없다.

어떤 이들은 남에게 선행을 베풀고 나면

그 공을 기록해 두고 보답을 요구하려 한다.

또 어떤 이들은 보답을 요구하지는 않지만,

그래도 마음속으로는

그 사람이 자신에게 빚진 자라 여기며,

자신이 한 일이 자신의 말과 같음을 안다.

또 어떤 이들은 선행을 베풀고도

자신이 무엇을 했는지조차 모른다.

포도나무가 포도를 맺듯,

자기 몫의 열매를 맺고 나면

더 이상의 보상을 바라지 않음과 같다.

이어서

경주마가 경주를 마친 후,

사냥개가 사냥을 마친 후,

꿀벌이 꿀을 만든 후,

칭찬과 찬사를 바라지 않듯이

자신의 본성을 바르게 이해하는 사람도 선행을 한 후에는

칭찬을 바라지 않는다.

오히려 한 선행이 다른 선행으로 이어지니,

마치 포도나무가 제철에 열매를 맺은 후

다음을 준비하듯 말이다.

그러므로 그대는 다음과 같은 사람이 되어야 한다.

자신이 하는 일을 그저 아무런 생각 없이 행하며,

마치 무심코 하는 것처럼 행동하는 사람 말이다.

누군가에 선행을 베풀었으면

그것으로 만족하면 그만이지, 더 이상 무엇을 바라는가?

그대의 본성을 따라 행한 것만으로 충분하지 않은가?

선행에 대해 상대방이 은혜를 알기를 바라거나

보상을 바라는 것은

눈이 보게 해준 대가로 그대에게 보상을 바라고

발이 걷게 해준 대가로 그대에게 보상을 바라는 것과 같다.

눈이 보고 발이 걸을 때,

그것은 자연이 그것에게 부여한 소임을 다할 뿐이다.

마찬가지로 인간은

타인에게 선을 행하도록 지음을 받았기에

다른 사람들이나 공동체에 유익한 일을 행할 때

자신의 존재 목적을 이룬 것이다.

제9권
◇
42

공동체에 피해를 주지 않는 것은

시민에게도 피해를 줄 수 없다.

그대가 피해를 입었다는 생각이 들 때마다,

이렇게 생각하라.

즉 이 일로 공동체가 피해받지 않았다면,

그대 역시 분명히 피해를 입지 않았다.

반면에 공동체가 피해를 받았다면

그대는 공동체에 피해 입힌 사람에게 분노하는 대신

그가 무엇을 잘못했는지 말해주면 된다.

지금까지 신을 비롯하여

부모, 형제자매, 아내, 자식, 스승, 친구, 친지, 하인에게

어떻게 행동해 왔는가?

그대는 그들 모두에게

"지금까지 나는 말이나 행동으로

그들 중 누구에게도 잘못을 저지르지 않았다"고

당당하게 말할 수 있는가?

제5권
◇
31

가장 훌륭한 복수는

그대에게 해를 끼친 사람처럼 되지 않는 것이다.

만일 경기장에서 그대와 싸우는 선수가

그대를 손톱으로 할퀴고 격하게 받아치더라도,

그대는 그 행동에 항의하지 않으며,

그가 그대에게 해코지할 것이라고도 생각하지 않는다.

경기 중에 그대는 스스로를 지키기 위해 최선을 다하지만,

상대에게 적대감이나 의심을 품지 않는다.

살아가면서 직면하게 되는 모든 상황에도

그와 같은 태도를 유지하라.

경기장에서 상대 선수를 대하듯,

일상의 인간관계에도 감정적으로 대응하지 말라.

우리는 상대를 의심하거나 미워하지 않고도

그들의 공격을 피할 수 있다.

제6권
◇
20

이성을 지니지 못한

동물들이나 사물들을 관대하게 대하라.

그대에게는 있는 이성이, 그들에게는 없기 때문이다.

인간들에 대해서도 마찬가지다.

그들 역시 나와 마찬가지로 이성을 지닌 존재이므로,

공동체의 운명을 함께할 자들로 대하라.

그대가 스스로 기운을 북돋아 유쾌해지고 싶다면,

그대가 매일 함께 어울리는 이들의 장점을 떠올려 보라.

어떤 이는 활력 있고,

어떤 이는 겸손하며,

어떤 이는 너그러울 것이다.

우리가 함께 지내는 사람들의 성품에서

다양한 미덕이 나타난다는 사실을 떠올리는 것만큼

즐거운 일이 없다.

그들의 미덕을 늘 마음속에 간직하라.

행동하기 전에 먼저 사람들을 설득하라.

만약 사람들이 원하지 않는대도,

그것이 정의로운 일이라면 그대로 밀고 나가라.

사람들의 반대로 그 일을 행할 수 없었다면,

조용히 물러서서 그대의 힘을 정의가 아닌 다른 미덕,

즉 평정심과 인내심을 육성하는 데에 쏟으라.

이어서

그대는 그대에게 주어진 여건 속에서

그대가 해야 할 일을 하려고 한 것뿐이고

불가능한 일을 반드시 이루려던 게 아니었음을 상기하라.

그대가 목표한 것은,

그대가 해야 할 일이라고 느껴

상황이 허락하는 한 실행에 옮기는 것뿐이었다.

따라서 그대는 그렇게 시도한 것 자체로

그대의 목표를 이룬 것이다.

누구든 그대에게 말을 걸어올 때는,

다른 어떤 생각에도 마음을 빼앗기지 말고

오직 그의 말에만 귀를 기울이라.

그대가 마치

그의 영혼 그 자체에 고정되어 붙어 있는 것처럼

그의 말에 경청하라.

그대에게 말을 걸어오는 자가 누구든지 말이다.

다른 사람의 도움을 받는 것을

부끄러워하지 말라.

그대에게는 성벽을 오르는 병사처럼

주어진 임무가 있고,

그대는 그 임무를 완수해야 한다.

그대가 다리를 다쳐

혼자서는 성벽을 오를 수 없을 때,

다른 사람의 도움을 빌리는 것이 왜 허물이 되겠는가?

나에게 악행을 저지른 자까지 사랑하는 것은

인간에게만 가능하다.

그러기 위해 다음과 같은 사실을 기억하는 것이 좋다.

"모든 인간은 형제자매다.

그들이 나에게 잘못을 저지른 것은 그들이 무지해서다.

그들이나 나나 곧 죽을 존재들이다.

게다가 그들이 저지른 잘못으로 인해

내 이성은 퇴보하거나 훼손되지 않았으니

나는 아무런 피해도 입지 않았다."

누군가가 나를 경멸하더라도

그것은 그의 문제일 뿐, 내가 상관할 바가 아니다.

내가 신경 써야 할 점은

내가 멸시를 받을 만한 말과 행동을 삼가는 것이다.

누군가가 나를 미워한다면

그것 역시 그의 문제일 뿐이다.

내가 해야 할 일은 인자함으로 모두를 대하는 것이다.

이어서 →

나를 미워하는 사람을

비난하지 않으며,

내가 많이 참고 있다는 것을

그에게 드러내지도 않으면서,

예의를 갖추어 그의 잘못을

진정으로 깨우쳐 줄 수 있어야 한다.

제11권
◇
13

그대의 선의가 가식이 아닌

진심에서 우러나온 것이라면

그것은 언제나 통하게 되어 있다.

아무리 사납고 악의에 찬 자라도,

그대가 계속 선의로 대한다면 마음을 풀 것이다.

나아가 그가 그대에게 해를 끼치려 할 때

그에게 다음과 같이 말해보라.

"우리는 서로 상처 주고 괴롭히려고 태어난 게 아니네.

자네가 나를 해코지하려고 해도 해를 입는 사람은

내가 아니라 자네네."

이어서

타이를 때는 정중하게 잘못을 지적하고

평이한 언어를 써라.

미물인 꿀벌의 군집 생활도

그렇게 돌아가지 않는다는 점을 지적하라.

다만 그를 무시하거나 책망하듯 말하지 말고,

진솔한 사랑을 담아 타이르라.

선생처럼 훈계하려 들지 말고

주변의 칭찬을 듣기 위해 말하지 말고,

그 자리에 여러 사람이 있어도

마치 그대와 상대방, 둘만 있는 것처럼 조언하라.

제11권
◇
18

Marcus Aurelius Antoninus

쏟아지는 불안 속에서
평정을 유지할 수 있는가?

Part 3

해제 ◇

마음을 다스리는 자에게 평안이

_ 원효대사와 아우렐리우스

스토아 철학자인 에픽테토스는 "우리를 힘들게 하는 것은 사건 자체가 아니라 사건에 갖는 우리 생각이다"라고 했다. 우리는 어떤 불행을 겪어도 그것을 어떻게 생각하느냐에 따라 얼마든지 내면의 평정심과 명랑함을 유지할 수 있다. 예를 들어 누가 우리를 모욕하더라도 우리는 그에 발끈해 화를 낼 수도 있지만 그 모욕을 무시해 버릴 수도 있다. 누가 뭐라 하든지 자기 양심에 떳떳한 삶을 살면 된다. 더 나아가 우리는 모욕을 준 사람이 악하다기보다는 어리석었기에 그렇게 행동했다고 생각하며 그를 관대하게 이해할 수도 있다. 이렇듯 걱정과 분노 등을 야기하는 것은 외부에서 일어나는 어떤 사건이 아니라 그 사건에 관한 내 판단이다. 이성적 판단을 통해 슬픔과 분노로부터 자유로워진 사람일수록 강한 사람이다. 분노하는 자, 슬퍼하는 자 모두 나약함 때문에 분노와 슬픔이라는 상처를 입고 힘들어하는 것이다.

이러한 사상은 원효대사의 유명한 일화가 근거하는 불교의 일체유심조一切唯心造 사상, 즉 모든 것은 마음이 만든다는 사상과 유사하다.

　　원효가 의상과 함께 당나라로 유학길에 오른 어느 날, 깊은 밤 잠결에 목이 말라 바가지에 담긴 물을 마셨는데 상쾌하기가 이루 말할 수가 없었다. 다음날 깨어보니 그들이 머문 곳은 초막이 아니라 묘였고, 바가지 속 물은 해골에 담겨 있던 물이었다. 역겨움이 치밀어 오른 원효는 마셨던 물을 다 토해냈다. 원효가 그 물을 깨끗하다고 생각했을 때 그 물은 상쾌했고, 그 물을 더럽다고 생각했을 때 그 물은 참을 수 없는 것이 되었다. '생각 하나로 물이 이토록 다르게 느껴지다니!' 원효는 이 경험을 통해 '일체유심조'가 무엇을 의미하는지를 완벽히 체득할 수 있었다. 이러한 경험은 누구에게나 있다. 우리 마음이 짜증으로 가득 차 있을 때는 세상도 짜증스럽다. 해 질 무렵, 태양이 하늘을 붉게 물든 장관이 펼쳐져도 벅찬 일과를 보낸 이의 눈에는 들어오지 않지만, 마음이 평온하고 맑은 상태라면 저녁놀의 아름다움에 흠뻑 빨려들지 않던가.

　　가난한 환경에서 태어난 사람이 둘 있다고 가정해 보자. 한 사람은 자신의 환경과 현실 덕분에 열심히 일하는 사람이 되었다며 삶에 감사해한다. 그에게 운명은 아름다운 존재로 나타날 것이다.

이에 반해 다른 한 사람은 자신이 처한 환경을 한탄하고 유복한 환경에 태어난 사람을 부러워하며 평생을 지낸다. 이런 사람에게 운명은 잔인한 존재로 느껴질 것이다. 에픽테토스는 다음과 같이 말한다.

"어리석은 자는 이렇게 묻는다. '내 아이를 잃지 않으려면 어떻게 해야 하냐'고. 그러나 그대는 다음과 같이 물어야 한다. '아이를 잃은 슬픔을 어떻게 이겨낼 수 있는가'라고."

사랑하는 아이를 잃는 사고가 내게 벌어진다. 이는 내 소관도, 내 뜻도 아닌 그저 불가피한 운명이다. 그러나 이러한 운명 앞에서 절망할 것인지 아니면 평정을 유지할 것인지는 내 마음에 달려 있다. 스토아 철학의 이러한 사상은 미국 신학자 라인홀트 니버Karl Paul Reinhold Niebuhr의 「평온을 비는 기도Serenity Prayer」를 떠올리게 한다.

"주여, 우리에게 우리가 바꿀 수 없는 것을 평온하게 받아들이는 은혜와 바꿔야 할 것을 바꿀 수 있는 용기 그리고 이 둘을 분별하는 지혜를 주소서."

우리 외부에서 일어나는 일들은 우리가 통제할 수 없지만, 우리 마음은 이성을 통해서 얼마든지 통제할 수 있다. 이는 뱃사람이 바람의 방향을 바꿀 수는 없지만, 배가 나아갈 방향은 조종할 수 있는 것이나 마찬가지다. 이처럼 우리에게 일어난 일들을 어떻게 생각할지는 우리에게 전적으로 달려 있다고 믿는다면, 세상에 우리를 불행하게 만들 수 있는 것은 하나도 없다. 행복은 이성적인 덕을 실현하는 데 있고, 우리는 그 어떠한 불행 속에서도 그러한 덕을 실현할 수 있다. 예컨대 진실함, 근면함, 자제력과 운명에 불평하지 않는 것, 주어진 것에 자족하는 것, 자애로움, 독립심, 검소함, 신중함, 고결함 같은 덕들을 우리는 얼마든지 우리 것으로 만들 수 있다.

우리는 흔히 생명·건강·부·명예를 가치 있고 좋은 것으로 보고 죽음·병·가난·예속 같은 것은 나쁜 것으로 본다. 따라서 우리는 건강이나 부, 명예와 같은 것들을 얻게 될 때는 기뻐하고, 죽음을 맞거나 병이나 가난 혹은 예속을 겪게 되면 슬퍼한다. 우리는 그런 것들에 의해 요동하면서 평정심을 잃는다. 그러나 스토아 철학은 이들 모두를 좋은 것도, 나쁜 것도 아니라고 본다. 좋은 것은 오직 이성적인 덕뿐이며 나쁜 것은 비이성적인 악덕뿐이기 때문이다. 따라서 우리는 마음 이외의 외적인 것들을 좋고 나쁜 것으로 판단하지 말아야 한다. 어떤 것을 좋은 것으로 보면 우리는 그에 대한 탐욕에 사로잡히고, 나쁜 것으로 보면 그에 대한 혐오감에 사로잡히기 때문이다. 탐욕이든 혐오감이든 이는 우리에게 고통스러운 감정이기에, 우리는 그에 관한 판단을 중지함으로써 적어도 마음은 고통에서 벗어날 수 있다. 마음 이외의 부분, 곧 육체가 고통을 겪는다면 육체만 고통을 느끼도록 내버려두자. 굳이 그것을 나쁜 것으로 판단하여 마음까지 괴로워할 필요는 없다.

아우렐리우스 역시 우리의 마음 밖에 있는 것들은 행복에 아무런 영향을 끼치지 않으므로 좋은 것도 나쁜 것도 아니라고 본다. 이는 그가 행복을 덕을 실현한 결과라고 보기 때문이다. 덕을 실현하면서 사는 선한 사람도 일찍 병들어 죽을 수 있으며 가난 속에서 살 수 있다. 또한 덕을 실현하기는커녕 부도덕한 행위를 일삼은 자도 부와 명성을 누리면서 건강하게 장수할 수 있다. 부나 명성 그리고 건강 등은 좋고 나쁨을 판단할 대상이 아니기에 우리가 덕을 실현하는 좋은 삶을 구현하는 데 아무런 영향을 끼칠 수 없다. 따라서 우리는 병이 들었다거나 가난하게 되어도 자신의 형편이 나빠졌다고 생각해서는 안 된다. 오히려 우리는 외적인 불행 덕분에 평정심을 유지하는 훈련을 할 기회를 얻었다고 생각해야 한다.

자기 이익보다도 공동체의 이익을 먼저 생각하며 덕을 실현할 때, 우리는 어떠한 상황에서도 흔들리지 않는 평온한 행복감을 누릴 수 있다. 이러한 평온한 행복감을 스토아 철학은 아파테이아Apatheia, 즉 부동심이라고 부른다. 아파테이아라는 말은 파토스pathos, 즉 개인의 이익을 관철하려는 갖가지 욕망과 격정에서 벗어나 있는 평정심을 가리킨다. 아우렐리우스 역시 인간은 혼돈에 찬 세계 속에서도 얼마든지 내면의 평온을 유지하면서 행복을 누릴 수 있다고 본다. 이러한 생각은 인간이 도저히 도달할 수 없는 이상을 추구하는 듯하다. 그러나 제논, 에픽테토스, 세네카를 비롯한 스토아 철학자들과 늘 자신의 의무를 의연하게 수행했던 아우렐리우스의 삶을 보면 충분히 실현할 수 있을 거라는 용기가 생긴다.

제논은 보잘것없는 음식만 먹고 초라하기 짝이 없는 외투만을 입고 다녔지만 자신의 삶에 만족하면서 고결한 태도를 잃지 않았다. 이 때문에 아테네인들은 도시의 열쇠를 그에게 맡겨 보관하게 했으며 그를 기리기 위해 동상을 세웠다. 세네카는 '자살하라'는 네로 황제의 명령을 침착함과 품위를 잃지 않고 받아들였으며, 마지막 순간에도 샘솟듯 솟아나는 사상을 주위 사람에게 받아쓰게 했다. 또한 노예였다가 자유인이 된 에픽테토스는 공자의 제자인 안회 못지않게 안빈낙도의 삶을 살았다. 그가 가진 것이라고는 짚으로 된 침상과 엉성한 매트뿐이었다. 아우렐리우스 역시 십대부터 따뜻한 침대를 버리고 차가운 바닥에서 잠을 잤으며, 당시 모든 사람이 열광했던 검투사 시합과 마창馬槍 경기도 멀리했다.

물론 어떤 상황에서도 평정심을 유지하기란 저절로 되는 일도, 쉽게 도달할 수 있는 경지도 아니다. 우리가 자신을 끊임없이 경계하고 다잡지 않는 한, 우리는 항상 이기적인 욕망이 실현되거나 실현되지 않았을 때 느끼는 희노애락의 노예가 되고 만다. 아우렐리우스는 심지어 누군가 우리에게 "지금 무슨 생각을 하고 있는가?"라고 불쑥 묻더라도, 당당하게 대답할 수 있는 것들만 생각하도록 훈련하라고 말한다. 아우렐리우스는 삶을 레슬링에 비유한다. 우리는 예기치 않은 어떠한 불상사에도 불구하고 흔들리지 말고 굳건히 서 있어야 한다. 오히려 우리는 삶에서 겪는 갖은 고난과 고통을 마음을 단련할 기회로 삼아야 한다. 마음을 단련하는 데에는 모든 것이 덧없이 사라진다는 사실을 항상 상기하는 것이 도움이 된다. 이를 통해 우리는 부나 명예 등에 대한 집착과 이로 인한 온갖 마음의 동요에서 벗어날 수 있다.

외적인 상황보다 내면의 생각이 행복을 좌우하므로 생각을 다스릴 줄 알아야 한다고 보는 스토아 철학의 사상은, 현대 심리학의 인지행동치료에도 큰 영향을 미쳤다. 이를 유념하며 아우렐리우스의 문장을 읽으면 저절로 내면을 훈련할 수 있을 것이다.

사람들에게 화내지 말고 아부하지도 말라.

둘 다 모두에게 해를 끼칠 수 있기 때문이다.

분노를 통제해 그것으로부터 자유로워진 사람일수록

강한 사람이다.

슬픔이 나약함에서 비롯되듯 분노도 그러하다.

분노하는 자나 슬퍼하는 자나 모두

상처를 입고 힘들어하는 것이다.

누가 그대의 목숨을 뺏고, 사지를 찢고, 온갖 저주를 퍼붓는대도

그대 마음의 정결과 지혜,

절제와 정의로움을 어떻게 훼손할 수 있겠는가?

누군가 맑고 시원한 샘물을 아무리 저주하더라도

그 샘물은 맑고 시원하게 흐른다.

심지어 흙과 오물을 던져 넣어도,

샘물은 이를 곧 흔적도 없이 씻어내 버린다.

그것들로 인해 샘물이 더럽혀지지 않는다.

그렇다면 어떻게 하면 고여 있는 물이 아니라

영원히 솟아나는 샘물이 될 수 있는가?

끊임없는 노력으로 그대가 그대의 주인이 되어,

매 순간 자비와 소박함

그리고 겸손을 실천하는 것이다.

이성을 통해 자신이 원하지 않는 행동은

단호히 거부하면서 자신 속으로 물러나 자족한다면,

그 어떤 것도 이성을 정복할 수 없다.

그 경우 이성은 강제로 굴복당하지 않는 것 외에는

다른 만족을 추구하지 않는다.

비록 그런 태도가 단순히 외부의 압력에 대한 반발에서

비롯했더라도 그럴진대,

하물며 이성이 분별력 있게 사물을 판단할 때는

그 무엇이 이성을 이길 수 있겠는가?

따라서 자유로운 정신은

모든 정념에서 우리를 지켜주는 요새와 같다.

그것은 난공불락의 피난처다.

이러한 사실을 알지 못하는 자는 지혜롭지 못한 자요,

그것을 알고도 그것으로 피하지 않는 자는 불행한 자다.

제8권
◇
48

그대는 끊임없이 다음 사실을 상기함으로써

모든 쓸데없는 망상을 다 씻어내 버려라.

"내 정신은 자신에게서 모든 악과 욕망,

모든 번민과 혼란을 막아낼 힘을 갖고 있다.

내 정신은 모든 것의 진정한 본성을 인식함으로써

모든 것을 각각에 맞게 선용하는 힘을 갖고 있다."

자연이 그대에게 준 이 힘을 기억하라.

고통은 육신과 정신에 나쁘다.

그러나 육신은 판단할 수 있는 능력이 없기에

고통을 나쁜 것으로 여길 수 없다.

정신은 자신이 겪는 고통을

나쁜 것으로 여기면서 괴로워할 수 있지만,

또한 그것을 나쁜 것으로 판단하지 않으면서

평정을 유지할 수 있다.

모든 판단과 충동, 욕망과 혐오는

내면에서 비롯되는 것이기에,

그 어떤 것도 우리 정신이 허락하지 않는 한,

우리 정신에 침투할 수 없다.

제8권
◇
28

그대를 고통스럽게 하는 것이 있더라도,

그에 관해 판단을 내리지 않으면

그대는 완벽한 평온을 얻을 수 있다.

이 경우 '그대'는 누구인가? 그대의 이성이다.

물론 그대는 이성으로만 이루어져 있지는 않다.

그대는 육신도 가지고 있다.

그렇다면 그대의 이성만이라도 고통에서 벗어나게 하라.

그러나 이성 이외의 부분이 고통을 겪는다면,

그것만 고통을 느끼도록 내버려두라.

제8권
◇
40

에피쿠로스는 이렇게 말했다.

"병상에 있을 때, 나는 병문안 온 이들에게

육신의 고통에 관해 말하지 않았다.

늘 하던 대로 자연의 원리에 관해 이야기했고,

정신이 육신의 일로 인해 흔들리지 않고

행복한 상태를 유지하는 방법에 관해 이야기했다.

나는 의사들이 대단한 일을 하는 양

거들먹거릴 기회를 주지 않았다.

병들어 있을 때도 나는 늘 그랬듯,

아주 만족스럽고 평온했기 때문이다."

그대도 병들었을 때는 물론,

그밖에 극한의 상황에서도 에피쿠로스처럼 행동하라.

그대가 지금 어떻게 해야 할지를 분명히 알고 있다면

좌고우면하지 말고 과감하게 밀고 나가라.

그러나 이를 분명하게 알기 힘들다면,

잠시 멈추고 가장 현명한 자의 조언을 구하라.

만약 장애에 부딪히면

그대가 활용할 수 있는 모든 수단을 동원해

신중하게 나아가되, 정의가 가리키는 방향을 따르라.

정의를 실현하는 것이야말로

최고의 성공이고 행복이라 할 수 있으며,

정의를 벗어나는 것만이

유일하게 실패라고 말할 수 있기 때문이다.

매사에 이성을 따르는 자는

조용하면서도 활력이 넘치며 침착하면서도 명랑하다.

그대를 두고 소박하고 진실하며

선한 사람이 아니라고 말하는 사람이 없게 하라.

오히려 그렇게 말하는 자가

거짓말을 하는 자가 되게 하라.

이 모든 것은 그대의 의지에 달려 있다.

그대가 소박하고 진실하며 선하게 사는 것을

누가 막을 수 있겠는가?

그대가 그렇게 살지 못한다면,

차라리 더 이상 살지 않겠다고 결심하라.

그렇게 살지 못한다면, 그대의 이성도

그대의 무의미한 연명을 바라지 않을 것이다.

에픽테토스는 이렇게 말했다.

"우리는 어떤 일을 하려고 할 때

항상 그 일이 공동체를 위한 것인지

그리고 공동체에 얼마만큼의 가치를 지니는지를 인식해

그것에 비례하는 시간과 노력을 들여야 한다.

또한 우리 힘으로 어쩔 수 없는 것들에 대해서는

거부감을 보이거나 괴로워하지 말고

순순히 받아들여야 한다."

제11권
◇
37

그대가 하는 모든 행동을

이 땅에서 행하는 마지막 행동인 것처럼 하라.

감정에 사로잡혀 비이성적으로 행동하지 않고,

위선과 이기심을 멀리하며,

그대에게 주어진 운명에 불만을 품지 않는다면,

소유한 것이 적더라도

그대는 자유롭고 행복한 삶을 누릴 수 있을 것이다.

그렇게 사는 자는 신도 흡족해하리라.

공동체에 이익이 되는 일이 아니라면,

다른 사람들이 무엇을 하고, 무슨 목적을 위해 하는지,

무슨 말을 하고, 무슨 생각을 하며,

무슨 일을 꾸미는지를 생각하고 상상하는 데에

시간을 허비하지 말라.

그런 생각과 상상은 정신을 산만하게 하여,

그대가 해야 할 일에 집중하는 것을 방해한다.

이어서

누군가가 그대에게

"지금 무슨 생각을 하고 있는가?"라고 불쑥 묻더라도,

당당하게 대답할 수 있는 것들만

생각하도록 훈련하라.

쏟아지는 불안 속에서 평정을 유지할 수 있는가?

제3권
◇
04

맛있는 음식을 보면,

"이것은 물고기의 시체요, 이것은 새의 시체요,

이것은 돼지의 시체다"라고 생각해 보라.

포도주가 귀하다고 해보았자

포도즙에 불과하다고 생각하고,

화려한 자줏빛 옷은

조개 피로 물들인 양털에 불과하다고 생각하라.

겉보기에 아무리 그럴듯해 보이는 사물이라도

그것의 천박하고 초라한 본질을 꿰뚫어 보라.

외관의 화려함은 이성을 교묘하게 속인다.

위엄 있고 훌륭해 보이는 것일수록 기만적일 수 있다.

그대가 하기 어려운 일이라고 해서,

그 일을 인간의 능력으로 할 수 없는 일이라

속단하지 말라.

그리고 인간이 해낼 수 있는 일이라면

그대도 그 일을 해낼 수 있다고 생각하라.

그대가 일반적으로

어떤 사람에게 합당하며 가능하다고

생각할 수 있는 일은 무엇이든지,

그 일이 그대에게도 매우 가능하다고 생각하라.

쏟아지는 불안 속에서 평정을 유지할 수 있는가?

삶의 여정에서

육신은 아직 굴복하지 않았는데

정신이 먼저 굴복하는 것은 부끄러운 일이다.

몸을 항상 바르게 하여

몸가짐이나 태도에 흐트러짐이 없게 하라.

지혜롭고 기품이 있는 정신이

얼굴과 표정에도 나타나듯이,

우리의 몸 전체에도

정신의 품성이 그대로 드러나게 하라.

그러나 이 모든 것은 허세 없이

자연스럽게 이루어져야 한다.

제7권
◇
60

살아가는 일은

춤추는 것보다는

레슬링하는 것에 더 가깝다.

우리는 예기치 않은 공격,

즉 예기치 않은 불상사에도 불구하고

쓰러지지 않고 굳건히 서 있어야 한다.

그대는

책을 읽을 시간도, 기회도 없다고 불평하는가?

그러나 그대가 그대의 교만함을 다스리고,

쾌락과 고통에 굴복하지 않으며,

인기에 영합하지 않고,

지각없고 배은망덕한 자들을

관대하게 대하는 것은 물론,

그들을 아끼고 보살필 시간과 기회는 있을 것이다.

어떤 외적인 일로 고통을 받는다면,

그대를 고통스럽게 하는 것은

그 일이 아니라 그것에 대한 그대의 생각 때문이다.

따라서 그대는 그 생각을 즉시 중지함으로써

고통에서 벗어날 수 있다.

만일 그대의 성격 때문에 그대가 고통을 겪는다면,

그 성격을 바로잡으면 된다.

그대가 그렇게 하는 것을 방해할 사람은 아무도 없다.

그대가 옳고 정의롭다고 생각하는 일을

행하지 못해 괴롭다면,

괴로워하기보다는 그 일을 행하면 된다.

그대가 도저히 어찌할 수 없는 불가항력의 장애로 인해

어떤 일을 이룰 수 없다면,

그 일을 이루지 못한 것은 그대 잘못이 아니니

괴로워할 필요가 없다.

이어서

그 일을 이룰 수 없는 상태로는

도저히 살 가치가 없다고 생각한다면

그 어떤 장애와도 맞서 싸우다 담담히 죽으라.

그러나 그대에게 장애가 되었던 사람들에 대한

자비로운 마음을 잃지 말라.

제8권
◇
47

그대가 자신의 힘으로 어떻게 할 수 없는 일들을

이롭거나 해롭다고 여긴다면,

그대에게 해로운 일이 일어나거나

이로운 일이 일어나지 않을 경우

그대는 신들을 원망할 테고

그에 책임이 있다고 생각되는 자들을 증오할 것이다.

그러나 우리가 자신의 힘으로

좌지우지할 수 있는 것만을

이롭거나 해롭다고 여긴다면,

신을 원망하거나 다른 사람을 미워할 이유는 없다.

제6권
◇
41

다른 사람이 무슨 생각을 하는지를 살피지 않아서

불행해지는 경우는 거의 없지만,

자기 정신이 어떤 생각을 하는지를 살피지 않으면

반드시 불행해진다.

제2권
◇
08

다른 사람들의 마음속 생각까지 캐내려 하면서도,

자기 내면의 신성에 귀를 기울이면서

그것을 섬기는 것만으로도 충분하다는 사실을

알지 못하는 자보다 불쌍한 자는 없다.

자기 내면의 신성을 섬긴다는 것은

모든 격렬한 정욕과 방자한 생각,

모든 경솔함과 허영

그리고 신이나 다른 인간들에 대한 모든 불만을 멀리하여

자신을 순수하게 지키는 것이다.

사람들은 시골이나 해변, 산과 같은 한적한 곳에서

세상과 떨어져 조용히 쉬고 싶어 한다.

그러나 그대는 원할 때마다 언제든지

그대 안으로 물러나 모든 일에서 자유로워질 수 있다.

자신의 정신보다 더 나은 은신처를 찾을 수 없으니,

그대는 그대 내면에 머무르며

완전한 안락과 평온을 누릴 수 있다.

이 경우 평온은 모든 혼란과 소란에서 벗어난

품위 있고 정갈한 마음가짐을 의미한다.

제4권
◇
03

사물이나 대상 자체는 영혼에 닿지 않고

여전히 고요히 바깥에 머물러 있다.

모든 소란과 고통은

오직 그대 내면에 있는 의견에서 비롯된다.

우리는 매사에 다음과 같이 자문하면서

스스로 점검해야 한다.

"지금, 이 순간 나는 정신을 어떻게 사용하고 있는가?

지금, 이 순간 나를 지배하는 정신은 무엇인가?

어린아이의 정신인가? 소년의 정신인가?

연약한 부녀자의 정신인가? 폭군의 정신인가?

아니면 가축이나 야수의 정신인가?"

그대의 품성은

그대가 일상적으로 하는 생각에 의해 결정된다.

그대의 마음은

그대가 품는 생각의 색들로 물들기 때문이다.

그러니 고결한 생각들로 그대의 마음을 채우라.

예를 들어, 그대는 궁정을 포함해

어디에서든 선하고 행복하게 살 수 있다.

선하고 행복하게 사는 것은 그대에게 달려 있다.

어떤 행동을 할 때마다 이렇게 자문해 보라.

"이 행동은 나의 본성에 합당한 행동인가?

이 행동을 후회할 일은 없겠는가?"

잠시 후면 나는 죽어 사라지고, 모든 것이 끝난다.

그렇다면 그대가 매사에 이성적이고 공동선에 부합하며,

정의와 이성의 법칙에 따르는

행동을 하는 것 외에 무엇을 바라겠는가?

그대를 불안하게 하고 초조하게 만드는 것은

다른 어떤 사람이 아니고 그대 자신의 생각일 뿐이다.

그대의 생각은 자기 이외의 누구도 통제할 수 없으니,

그대를 해롭게 할 자는 아무도 없다.

쏟아지는 불안 속에서 평정을 유지할 수 있는가?

제12권
◇
08

누군가가 그대에게 잘못을 저질렀다면,

그가 무엇을 선으로 생각했고 무엇을 악으로 생각하여

그런 잘못을 저질렀는지를 생각해 보라.

그대 자신도 선악에 대해 그와 비슷하게 생각한다면,

그대는 그 사람의 사정을 이해하게 되면서

황당해하거나 분노하지 않게 될 것이다.

그러나 선악에 대한 그대의 분별력이 그보다 뛰어나다면,

그 사람이 무지로 인해 그대에게 잘못을 저지른 것이니

그를 관대하게 용서하라.

제7권
◇
26

누군가의 잘못에 화가 났을 때는

즉시 자기 자신을 되돌아보라.

그리고 그대 역시 그와 마찬가지로

부, 쾌락, 명성을 좋은 것으로 여겨

탐한 적이 없는가를 생각해 보라.

그러면 분노가 쉽게 가라앉을 것이다.

그는 무지와 오류 때문에

그렇게 행동할 수밖에 없었을 수도 있다.

그 경우에는 그의 생각을 바로잡아라.

견딜 수 없을 정도로 분노가 치밀거나

깊은 통탄에 빠질 때는,

인생은 순간이고,

우리는 모두 머지않아

무덤 속에 있을 것이라는 사실을 떠올려라.

제11권
◇
18

그대를 분노하게 하고 슬프게 만드는

그들의 행동보다

그것에 대한 그대의 분노와 슬픔이

그대에게 더 큰 고통을 준다.

제11권
◇
18

어떤 일로 화가 난다면,

그대는 다음과 같은 사실들을 망각한 것이다.

첫째로, 모든 일은 우주의 본성에 따라 일어난다는 것이다.

둘째로, 누가 잘못을 저질렀대도 그것은 그 사람의 일일 뿐이다.

셋째로 지금 그대에게 일어난 일은

과거에도, 현재에도, 미래에도 계속해서 일어난 것이다.

넷째로 그대는 모든 사람과

피가 아닌 이성으로 연결되어 있으며,

이러한 이성은 신성이자 신에게서 나온 것이다.

그대의 영혼과 육신도 신에게서 주어진 것이므로

온전히 그대의 것이라고 할 수 없다.

다섯째로 모든 일은

그대의 생각과 판단에 달려 있다는 것이다.

마지막으로 인간은 오직 현재의 순간만을 사는 것이기에,

우리가 잃는 것은 현재, 이 순간뿐이다.

제12권
◇
26

악한 사람이나 선한 사람 모두에게

똑같이 일어날 수 있는 악운은

선한 것도 악한 것도 아니다.

따라서 그런 악운이 그대에게 일어나면, 그것은

다른 사람이나 그대를 둘러싼 환경에서 일어난 것이 아니다.

그것은 오직 그것을 악운이라고 판단하는

그대 '자신' 때문에 일어난 것이다.

따라서 그러한 판단을 중지하면, 마음이 평온해질 것이다.

이어서

그대의 육신이 베이거나 불타거나 썩어가더라도,

그대의 판단하는 이성은

그것을 악하거나 선하다고 판단하지 말고

초연히 있게 두어라.

그런 일은 자연적인 본성에 따라 사는 선한 자와

그렇지 않은 악한 자, 모두에게

똑같이 일어나는 것이기 때문이다.

즉 그것은 자연적인 본성에 부합하는 선함도,

거슬리는 악함도 아닌 것이다.

그대의 정신을 지배하는 이성이

고통이나 쾌감과 같은

육신의 감각들로 인해 흔들리지 않게 하라.

이성과 육신의 감각들 사이에

분명하게 경계선을 그어,

육신의 감각들이 이성을 침범하지 못하게 하라.

육신의 감각들은 육신에서만 일어나게 하라.

그러나 각자의 적절한 부분과 지체에 국한해야 한다.

이성은 육신 안에 존재하는 것이기에

육신의 감각이 이성에게도 느껴진다면,

이는 자연스러운 것이니 그것들에 저항하지 말라.

다만 그대의 이성이 그것들을

선한 것이나 악한 것으로 판단하지 못하게 하라.

우리는 어떤 일을 판단하지 않음으로써

슬픔과 고통에서 벗어날 수 있다.

그리고 어떤 일을 판단하지 않겠다는 결심은

오직 우리 자신에게 달린 문제다.

왜냐하면 어떤 일도 우리에게

어떤 판단을 내리도록 강요할 수는 없기 때문이다.

모든 판단을 중지하면,

거센 파도를 지나 항구에 정박한 배처럼

평정을 얻을 것이다.

쏟아지는 불안 속에서 평정을 유지할 수 있는가?

제6권
◇
52

어떤 일로부터 받은 처음의 인상에

아무것도 더하지 말라.

그대를 험담했다는 소문을 들었다고 해보자.

그대가 들은 것은 이 소문뿐,

그 험담으로 인해

그대의 위신이 추락했다는 소문은 듣지 않았다.

그러니 행여 그 악담으로 인해

명예를 잃지 않을까 노심초사할 필요는 없다.

이어서 ●———→

아이가 아픈 모습을 보았다면,

그대가 본 것은 그것뿐이다.

그대는 아이의 생명이 위태롭다는 것까지 본 것은 아니다.

그러니 처음 받은 인상만을 받아들이고

그 이상의 생각을 덧붙이지 말라.

그러면 그대의 마음은 평온하게 될 것이다.

만일 그대가 이런저런 생각을 덧붙인다면

그것은 그대가 흡사 우주에서 일어나는 모든 일을

속속들이 다 알고 있는 사람처럼 행세하는 것이다.

제8권
◇
49

고뇌나 번민에 사로잡히는 근본적인 원인은

무언가를 좋다고 생각해 집착하거나

나쁘다고 생각해 피하려고 하기 때문이다.

따라서 좋고 나쁜 것이 나에게

다가오거나 피해 가는 것이 아니라,

내가 그것에 다가가거나 피하는 것이다.

그러니 어떤 물건, 사건, 사람에 대해

'좋다' 또는 '나쁘다'로 판단하지 마라.

그들 자체는 아무런 소음도, 움직임도 없이

고요히 멈춰 서 있을 테니,

그대가 집착하거나 피할 일도 없을 것이고

그로 인해 비로소

모든 고뇌와 번민에서 벗어나게 될 것이다.

어떤 사람이 정말로 잘못을 저질렀는지를

확실하게 알 수 없다는 사실을 명심하라.

왜냐하면 생각보다 많은 일이

우리가 알지 못하는 큰 계획의 일부로

움직이기 때문이다.

우리 앎은 매우 한정되어 있기에,

다른 사람의 행동을 단정해 평가하기 어렵다.

제11권
◇
18

Marcus Aurelius Antoninus

시선과 평가를 뒤로한 채
담대히 나아갈 수 있는가?

Part 4

해제 ◇

타인의 인정에 매달리지 마라

_쇼펜하우어와 아우렐리우스

오늘날 온라인상에는 악성 댓글이 난무한다. 연예인을 포함, 유명인에게 붙는 악성 댓글 대부분은 그들에게 갖는 시기와 질투에서 비롯된 것이다. 자신보다 성공한 사람들을 어떻게든 깎아내리려는 사람들이야말로 사실은 가장 하찮은 자들이다. 이뿐만이 아니다. 인간은 자기중심적이어서 자주 만나는 사람들에 관해서도 보통 자기중심적으로 평가한다. 즉 자신에게 잘해주는 사람은 좋은 사람이라고 평가하는 반면, 그렇지 않은 사람은 나쁜 사람이라고 평가하는 것이다. 이렇듯 우리가 살면서 받은 사람들의 평가 중 대부분은 공정성도, 객관성도 없다. 그런데도 우리는 남들로부터 호의적인 평가를 받기 위해, 큰 명성을 얻기 위해 안간힘을 쓴다.

아우렐리우스는 타인의 평가가 얼마나 터무니없는 것인지를 분명히 깨닫고, 그런 평가 따위에는 관심을 두지 말고 자신의 인격을 닦는 데 몰두하라고 일침을 가한다. 남의 눈에 자신이 어떻게 비치는지는 중요하지 않고, 자기 가치를 올바르게 평가하는 것이 삶에 필요한 자세라는 것이다. 내가 지닌 가치를 올바르게 평가해, 부족한 점이 있으면 열등감에 사로잡히지 말고 분발해 채워넣으면 된다. 스스로 평가했을 때 자애롭고 유덕한 삶을 살고 있다고 생각되면 자부심을 지니면 된다. 남들이 아무리 자신을 험담하더라도 자신은 떳떳하면 되는 것이다. 실로 정의로우며 우주의 본성에 따라 사는 사람은, 타인이 그를 두고 하는 말과 생각과 행동에 전혀 신경 쓰지 않는다. 그는 정의와 이성에 따라 행동하며 자신에게 주어진 운명에 만족하며 살 뿐, 다른 모든 것에는 아무런 관심도 야심도 없기 때문이다.

남의 평가에 전전긍긍하는 사람은 사실은 "남들의 반응에 예속된 노예"다. 예부터 노예에게는 자신을 평가할 권리가 없었다. 주인만이 노예를 평가할 수 있었고, 노예는 주인에게서 좋은 평가를 받으면 스스로 좋은 사람이라고 생각했고, 그렇지 않으면 나쁜 사람이라고 생각했다. 우리가 남들의 평가에 목을 매는 것은 우리 내면의 노예근성 때문이다. 쇼펜하우어와 같은 철학자는 우리가 느끼는 모든 걱정과 비애의 절반은 나에 관한 타인의 생각에 신경 쓰는 데서 비롯된다고 말한다. 우리는 선망의 대상이 되고 싶다면서 명품으로 자신을 치장하는 사치를 일삼는다. 쇼펜하우어는 만약 우리가 남들의 평가에 신경을 쓰지 않는다면 사치는 지금의 10분의 1로 줄어들 것이라고 말한다.

사람들이 기도하고 기원하지 않아도 태양은 떠올라 만물을 비추면서 만인의 환영을 받는다. 박수갈채와 환호성과 칭송이 없어도 마땅히 해야 할 일들을 행하면, 우리는 태양처럼 사람들로부터 사랑받을 것이다. 그렇다고 해서 아우렐리우스가 모두의 말을 무시하라고 말하는 것은 아니다. 그는 현명한 자들의 조언에는 귀를 기울이라고 말한다. 그는 심지어 "자연이 인간에게 하나의 혀와 두 개의 귀를 준 것은, 말하기보다 두 배 더 듣게 하기 위함이다"라고도 했다.

아우렐리우스는 사람들이 우리를 어떻게 평가할지에만 신경 쓰다 보면, 우리는 현재 우리에게 주어지는 자연의 풍성한 선물을 누릴 수 없게 된다고 말한다. 우리는 다른 사람의 평가 따위에 신경 쓰지 말고 현재에 몰두한 채, 인생이라는 축제를 사람들과 함께 어울리며 마음껏 즐겨야 한다. 아우렐리우스는 지금 이 순간은 신이 준 선물이라고 말한다. 따라서 지금 이 순간을 앞으로 올 일에 대한 걱정 따위로 흐리지 말고 그 순간에 몰두하는 것이 좋다. 과거의 모든 것을 잊고, 미래를 전적으로 신의 섭리에 맡기며, 현재를 경건하고 의롭게 사는 것에만 집중해야 한다. 다른 사람과 대화할 때도 다른 어떤 생각에도 마음을 빼앗기지 말고, 우리가 마치 그의 영혼 그 자체에 고정되어 붙어 있는 것처럼 그의 말에만 귀를 기울여야 한다.

아울러 우리는 장차 닥쳐올 죽음에 대해서도 신경 쓸 필요가 없다. 많은 사람이 육신이 죽는 것을 두려워하며 죽음을 피하기 위해서라면 어떤 고통도 감수하겠다고 하면서도, 정신이 죽은 것에 대해서는 전혀 신경을 쓰지 않는다. 그러나 에픽테토스가 말했듯이 인간은 신이 부여한 이성을 제외하면, 시체를 이리저리 끌고 다니는 비참한 존재일 뿐이다.

육신의 죽음은 자연의 한 과정으로 보고 담담히 받아들여야 한다. 이는 소년이 청년이 되고 노년에 접어드는 것처럼, 이가 나고 수염이 돋다가 백발이 생기는 것과 마찬가지로 자연의 한 과정에 지나지 않는다. 인간은 우주의 일부이기에 궁극적으로는 죽음의 순간에 인간을 낳은 우주 속으로 사라진다. 우리는 만물이 비롯된 근원인 우주의 로고스 안으로 흡수되는 것이다. 모든 것은 생성과 소멸을 넘나들고, 이는 우주 전체의 운행에 필요한 것이며 선하고 마땅한 것이다. 더 나아가 죽음은 우리가 제멋대로 날뛰는 욕정들, 종잡을 수 없는 혼란한 생각들 그리고 육체적인 노고로부터 해방되는 축복할 만한 사건이다.

그러니 우리는 죽음을 아쉬워하지 말고 기쁜 마음으로 받아들여야 한다. 우리가 정작 두려워하고 경계해야 할 일은 정신이 타락하는 상황이다. 전쟁터에서 죽음에 대한 두려움에 사로잡혀 비겁한 행동을 하거나, 만물이 다 사라지는 덧없는 것이라는 사실을 망각하고 부와 명예에 집착하여 부끄러운 짓을 범하는 것이야말로 우리가 경계해야 하는 일, 슬퍼해야 하는 일이다.

오히려 우리는 죽음을 생각하면서 우리가 하는 모든 행동을 이 땅에서 행하는 마지막 행동인 것처럼 진중하고도 진실하게 실천해야 한다. 수천 년을 살 것처럼 안이하게 임하지 말고, 죽음의 그림

자가 우리에게 늘 드리워 있음을 명심해 매사에 최선을 다하며 선

하게 생각하고 행동해야 한다.

과거에 겪었고 미래에 겪을

수많은 고통과 참혹한 재앙들은 생각하지 말고,

그대가 현재 당면한 고통스러운 일에만 집중해

자신에게 이렇게 물어보라.

"어째서 이를 감당하지 못할 것이라고 생각했는가?"

차마 부끄러워 대답하지 못할 것이다.

미래의 일도, 과거의 일도 그대를 해칠 수 없고

오직 현재의 일만이

그대에게 영향을 미친다는 사실을 명심하라.

그대의 마음이 이토록 짧은 시간 동안조차

견딜 수 없는지 살펴보라.

지금, 이 순간을

그대에게 주어진 선물로 만들어라.

제8권
◇
44

과거의 모든 것을 잊고,

미래를 전적으로 신의 섭리에 맡기며,

현재를 경건하고 의롭게 사는 것에만 집중하라.

경건함은 신성한 섭리에서 비롯된

모든 운명을 기꺼이 받아들이는 것이다.

그러한 운명은 우주의 본성이 그대를 위해

그대에게 예정한 것이기 때문이다.

의로움은 진실을 그 어떤 것에도 구애받지 말고

자유롭고 분명하게 말하며

모든 일을 공정하고 사려 깊게 행하는 것이다.

제12권
◇
01

헤라클레이토스는 이렇게 말했다.

"즐겁게 살고자 한다면 많은 일에 참견하지 말라."

그러나 인간은 꼭 필요한 일만 하고,

공동체 속 존재로서

이성이 명령하고 요구하는 일만을

이성적으로 행하라고 말하는 것이 더 좋았을 것이다.

그렇게 산다면 많은 일에 참견하지 않음으로서

얻는 즐거움뿐 아니라

선을 행함으로써 생겨나는 즐거움도

누릴 것이기 때문이다.

이어서

우리 말과 행동 중

대부분은 불필요한 것들이니,

이를 하지 않으면

여유도 생기고 번민도 줄어들 것이다.

따라서 우리는 어떤 일을 할 때마다

"과연 이 일이 꼭 필요한 일일까?"라고 자문해야 한다.

불필요한 행동뿐만 아니라 불필요한 생각이나

상상도 끊어내야 한다.

그래야만 불필요한 행동도 하지 않을 것이기 때문이다.

제4권
◇
24

사람마다 기뻐하는 것이 다르다.

내가 기뻐하는 것은

나의 이성이 바르고 건전하여

사람들이나 내가 처한 환경을 부정하지 않고,

모든 것을 온유하고 호의적인 눈으로

바라보고 받아들이면서

그것들 각각의 참된 가치에 걸맞게 활용하는 것이다.

이미 존재하는 것이나

새롭게 생겨나는 것 모두

얼마나 빨리 사라지는가를 생각해 보라.

그대 앞에는 무한한 과거의 심연과

무한한 미래의 심연이 입을 벌리고 있고

모든 것은 그 안으로 삼켜져 버린다.

이러한 사실 앞에서도

부나 명예가 영원히 지속될 것처럼 교만에 빠지거나

순간의 고뇌가 영원히 계속될 것처럼

화를 내고 짜증을 내는 것은 얼마나 어리석은 짓인가?

시선과 평가를 뒤로한 채 담대히 나아갈 수 있는가?

잠에서 깨어나 정신을 차려보라.

자는 동안 그대를 괴롭힌 일들이

단지 꿈속에서 일어난 일에

불과하다는 사실을 깨달았다면,

이제는 깨어나서 마주하는 일들이

꿈속의 일과 다를 바 없다는 사실을 직시하라.

머지않아 그대는

세상의 모든 것을 잊게 될 것이고,

머지않아 세상은

그대에 관한 모든 것을 잊게 될 것이다.

인생은 짧다.

칭송하는 자도, 칭송받는 자도,

기억하는 자도, 기억되는 자도

곧 먼지와 재가 될 것이다.

게다가 이러한 일은

지구의 자그마한 귀퉁이에서 일어나고,

그 귀퉁이에서 사는

모든 사람의 의견도 제각각이며

심지어 한 개인의 내면에서도

여러 의견이 서로 다툰다.

더구나 지구도 우주의 한 점에 지나지 않던가?

수천 년을 살 것처럼 살지 말라.

죽음이 그림자가 우리에게 늘 드리워 있으니,

최선을 다해 선하게 살라.

그대에게 허락된 시간은 길지 않다.

그런데 그대는 왜

이 짧은 인생을 제대로 살다 가려 하지 않는가?

살면서 그대가 마주치는 크고 작은 고난과 시련은

그대의 이성을 단련할 수 있는 좋은 기회요 재료다.

튼튼한 위장이 그대가 먹은 음식물을 잘 소화하고,

타오르는 불길이 그 속에 던져지는 모든 것을

불꽃과 불빛으로 변화시키듯이,

그대가 부딪히는 고난과 시련을

그대를 연마할 수 있는 좋은 기회로 만들어라.

제10권
◇
31

죽음이란 무엇인가?

죽음을 둘러싼 온갖 거짓된 관념들을

다 벗겨 버리고

죽음 자체만을 본다면,

죽음은 소년이 청년이 되고 늙어가며

이가 나고 수염이 나며 백발이 생기고

임신해 자식을 낳는 것과 마찬가지로

자연의 한 과정에 지나지 않는다.

이어서

자연의 한 과정을 보고

두려워하는 사람은 어린아이밖에 없다.

사실은 죽음은 자연의 한 과정일 뿐 아니라

자연의 운행에 기여하는 것이다.

그러니 죽음을 두려워하지 말고 기쁘게 받아들이라.

제2권
◇
12

변화가 두려운가?

이 세상에 변화 없이 이루어지는 일이 있는가?

변화보다 우주의 본성에 가깝고 기꺼운 것이 있는가?

장작이 타지 않는다면

그대는 어떻게 뜨거운 물로 목욕을 할 수 있겠는가?

그대가 먹은 음식이 변하지 않는다면,

어떻게 영양을 섭취할 수 있겠는가?

그런데도 그대가 죽음과 함께 변화하는 것이

바로 그와 같은 일이며,

우주의 본성에도 필수라는 사실을

왜 깨닫지 못하는가?

제7권
◇
18

“뛰어난 지성으로

모든 시간과 모든 사물을 관조할 수 있는 자가

인생을 대단한 것으로 볼 것이라고 그대는 생각하는가?”

“그렇지 않을 것입니다.”

“그렇다면 그런 사람이 죽음을 두려워하겠는가?”

“조금도 두려워하지 않을 것입니다.”

제7권
◇
35

인간은 우주의 일부로서

궁극적으로는 인간을 낳은 우주 속으로 사라진다.

아니 그대는 만물이 비롯된 근원인

우주의 로고스 안으로 흡수될 것이다.

머지않아 죽음이 닥쳐올 것임에도,

그대는 인생의 목표에 매진하지 못하고,

온갖 상념으로 동요하며,

외부로부터 피해를 입을까 두려워하고,

모든 사람에게 온유하지 않으며,

정의롭게 행동하는 것만이 지혜로운 일이라고

확신하지 못하고 있다.

에픽테토스가 말했듯이,

인간은 이성이라는 신적인 부분을 제외하면,

시체를 이리저리 끌고 다니는 비참한 영혼일 뿐이다.

시선과 평가를 뒤로한 채 담대히 나아갈 수 있는가?

제4권
◇
41

죽음은 감각으로 받은 인상들,

제멋대로 날뛰는 욕정들,

종잡을 수 없는 혼란한 생각들

그리고 육체적인 노고로부터의 해방이다.

제6권
◇
28

사람들이 그대의 사후든 생전에든

그대를 어떻게 평가할지에만 신경 쓰다 보면,

그대는 현재 그대에게 주어지는

자연의 풍성한 선물을 누릴 수 없게 된다.

시선과 평가를 뒤로한 채 담대히 나아갈 수 있는가?

제4권
◇
19

그대는 한 시간에 서너 번씩

자기 자신을 저주하는 자들로부터 칭송받고 싶은가?

그대는 자기 자신도 인정하지 못하고

자신이 한 모든 일을 후회하는 자들로부터

인정받고 싶은가?

그대를 평가하는 자들의

마음 깊은 곳으로 들어가 보라.

그대가 두려워하는 자들이 어떤 자들인지

그리고 그들이 그들 자신에 관해

얼마나 형편없이 판단하는지를

알게 될 것이다.

제9권
◇
18

정의롭고 우주의 본성에 따르는 사람은

다른 사람이 그를 두고

무슨 말을 하고 무슨 생각을 하고

무슨 행동을 하든지 전혀 신경 쓰지 않는다.

그는 자신의 운명에 만족하고

정의와 이성에 따라 행동하며

자신에게 주어진 운명에 만족하고

다른 모든 것에는 아무런 관심도 야심도 없다.

그는 오직 정도를 따라 바르게 삶으로써

신의 충실한 종이 되는 것만을 바랄 뿐이다.

오, 영혼이여,

어찌하여 그대는

그대에 대한 남들의 평가에 얽매여

그대 자신을 그렇게 학대하고 멸시하는가?

그로 인해 그대는 그대 자신을

존귀하게 만들 기회를 스스로 없애 버린다.

인생은 한 번뿐이다.

누가 되었든, 행복한 삶은 자기 자신에게 달려 있다.

그런데도 그대의 영혼은

자신을 존중하고 보살피는 대신,

다른 사람이 그대를 어떻게 평가하는지만 신경 쓰고 있다.

그대는 그대의 행복한 삶이

다른 사람의 평가에 달려 있다는 듯,

다른 사람의 정신 속에서 그대의 행복을 찾고 있다.

시선과 평가를 뒤로한 채 담대히 나아갈 수 있는가?

제2권
◇
06

늘 쾌활하고 긍정적인 태도를 잃지 말고,

다른 사람의 힘을 빌려

평안을 얻으려 하지 말고,

남의 도움을 통하지 말고 스스로 꿋꿋하게 서라.

진실로 아름답고 훌륭한 것은

무엇이든 그 자체로 아름답고 훌륭한 것이기에

칭송은 사족에 지나지 않는다.

칭송을 받는다고 해서 그것이

더 나아지거나 나빠지지 않는다.

이는 흔히 아름답다고 칭송을 받는 것들,

즉 자연의 창조물이나 예술품에도 그대로 적용된다.

진정으로 아름다운 것이라면

더 이상 무엇을 필요로 하겠는가?

정의로움, 진실함, 자애로움과 겸손함이야말로

가장 아름다운 것인데,

굳이 칭송받기를 원하겠는가?

에메랄드가 칭송받는다고 해서 더 아름다워지고,

칭송받지 못한다고 해서 더 추해지겠는가?

그대가 배운 기술이 아무리 보잘것없대도

그것에 전념하여 그것에 의지하여 살아라.

살아가는 동안 모든 것을 신의 뜻에 맡기고,

그 누구의 폭군도 노예도 되지 말라.

그대는

기지와 유머가 넘치는 사람으로 태어나지는 못했다.

그렇지만 그대가 타고나지 못했다고

변명할 수 없는 것은

다른 많은 훌륭한 자질들이 있기 때문이다.

예컨대 진실함, 근면함, 자제력,

자신의 운명에 불평하지 않는 것과

적은 것으로 만족하는 것,

자애로움, 독립심, 검소함, 신중함,

고결함과 같은 자질들은

그대의 천성이 아니더라도 노력 여하에 따라

얼마든지 그대의 것으로 만들 수 있는 것들이다.

그런데도 그대는 타고난 재능이 부족하다고

불평만 하면서 밑바닥에 머물러 있을 것인가?

제5권
◇
05

쓰고 새겨라,
끝내 가까워질 테니

_ 모두의 이상理想, 아우렐리우스

마르쿠스 아우렐리우스는 기원후 121년 로마의 명문 귀족 가문에서 태어났다. 아우렐리우스는 로마제국 5현제 중의 하나인 하드리아누스 황제의 친구였던 할아버지와 함께 어린 시절부터 황제를 알현하면서 황제로부터 큰 총애를 받았다. 하드리아누스는 아우렐리우스를 안니우스 베리시무스Annius Verissimus, 즉 진실한 인간이라고 부를 정도로 크게 신뢰했다. 하드리아누스는 어린 아우렐리우스를 황제가 될 만한 재목감으로 보고, 후계자 안토니누스 피우스에게 아우렐리우스를 입양하라고 명령해 아우렐리우스에게 황제로 입성할 길을 열어주었다. (5현제 시대에는 이렇게 친자식에게 제위를 물려주지 않고 황제가 될 역량을 지닌 이를 양아들로 입양해 통치자로 길러냈다.)

아우렐리우스의 황제 즉위 이전의 로마제국은 태평성대를 누렸던 반면, 아우렐리우스 재위 시기의 로마제국은 전쟁과 속주의 반란이 끊임없이 이어졌다. 전염병, 홍수, 지진, 가뭄 등과 같은 자연재해에 오래도록 시달렸다. 유럽 전역에 퍼진 '안토니누스 전염병'으로 인해 로마제국 인구의 4분의 1이 죽고 로마 인구의 약 14%가

줄어든 상태였다. 이러한 갖가지 재앙으로 인해 로마제국은 극심한 인력 부족과 재정 압박에 시달렸다. 군대를 지휘하거나 속주를 통치한 경험이 전무했던 아우렐리우스는, 그동안 학문을 통해 배우고 익힌 강한 책임감과 탁월한 지혜로 나라 안팎의 모든 문제를 성공적으로 해결해 냈다. 마르쿠스 아우렐리우스는 황궁의 황금 식기들을 비롯한 값나가는 물품들을 팔아 재정문제를 해결하려 했으며, 노예들을 대규모로 해방하여 병력을 충원했다. 또한 아우렐리우스는 출신 성분보다 능력을 중시하는 파격적인 인사로도 유명했으며, 부하에게 매우 관대한 황제이기도 했다. 반란을 일으킨 부하 아비디우스 카시우스가 살해된 뒤, 카시우스와 합세한 이들이 반란을 모의하며 나눈 수많은 편지가 발견되었으나 그는 이를 읽어보지도 않고 불태워 버렸다.

이렇게 황제로서 의무를 훌륭하게 수행하면서도 끊임없이 철학을 연구하며 철학의 가르침을 실천하려고 했던 아우렐리우스는 당대부터 현재까지 역대 로마 황제 중에서 가장 고결한 황제로 평가된다. 후대 황제들이 즉위할 때마다 "마르쿠스 아우렐리우스의 통치를 본받겠다"라고 맹세할 정도로, 그는 이상적인 황제상으로 추앙받았다. 플라톤이 『국가』에서 제시한 철인哲人 정치가를 구현한 실제 사례로 사람들은 아우렐리우스를 꼽기도 한다. 본래 허약한 체질이었으나 강인한 정신력으로 격무를 수행하던 아우렐리우스는 전쟁터에서 페스트에 감염되어 180년에 58세의 나이로 죽었다.

아우렐리우스가 대표하는 스토아 철학은 '스토아적 금욕'이라는 말이 있을 정도로 우주와 공동체가 자신에게 부과한 의무를 다하며 검소하게 사는 동시에 자기 운명을 긍정하면서 항상 평정심을 유지할 것을 요구한다. 이러한 요구는 말하기는 쉽지만, 직접 실생활에 구현하기는 쉽지 않다. 더구나 아우렐리우스는 개인적으로는 13명의 자녀 중 8명을 먼저 떠나보내는 큰 비극을 겪었다. 그러나 우리는 『명상록』에서 그러한 비극과 갖가지 재난에도 불구하고 평정심을 유지하며 자신의 의무를 다하기 위해 진력하는 황제의 고매한 모습을 볼 수 있다. 나는 그의 삶이 스토아 철학의 이상에 상당히 근접했다고 생각한다. 아우렐리우스는 신하 카시우스의 반란 소식을 듣고 군사들 앞에서 이렇게 연설했다. "내가 이미 늙고 병들어 식사도 제대로 할 수 없고 잠도 제대로 이룰 수 없는데도 온갖 고생과 위험을 무릅쓰면서 일하는 것은 오직 국가를 위해서다.”

스토아 철학자 세네카는 친구에게 보내는 편지에 다음과 같이 말한 적이 있다. “우리는 훌륭한 인물을 존경하면서 그를 끊임없이 눈앞에 그려보지 않으면 안 된다. 그리고 그가 우리 일거수일투족을 다 보고 있는 것처럼 살아야 한다.” 아우렐리우스 역시 이렇게 말한다. “에페수스인들 사이에는 고대의 덕망 있는 인물 중 한 명을 늘 마음속에 기억하며 살아야 한다는 교훈이 있다.”

마르쿠스 아우렐리우스야말로 우리가 오래도록 사표師表로 삼을만한 사람이다.

KI신서 14015
치열한 삶의 전선에서 새기는 의지의 문장들
손으로 읽는 명상록

1판 1쇄 인쇄 2026년 1월 14일
1판 1쇄 발행 2026년 1월 28일

원작 마르쿠스 아우렐리우스
편역 박찬국
펴낸이 김영곤
펴낸곳 ㈜북이십일 21세기북스

서가명강팀장 김민혜 **서가명강팀** 이정미 최현지
영업팀 정지은 한충희 남정한 장철용 강경남 황성진 김도연
표지 디자인 정나영 **본문 디자인** 푸른나무디자인
제작팀 이영민 권경민

출판등록 2000년 5월 6일 제406-2003-061호
주소 (10881) 경기도 파주시 회동길 201(문발동)
대표전화 031-955-2100 **팩스** 031-955-2151 **이메일** book21@book21.co.kr

(주)북이십일 경계를 허무는 콘텐츠 리더

21세기북스 채널에서 도서 정보와 다양한 영상자료, 이벤트를 만나세요!
페이스북 facebook.com/21cbooks　　　　포스트 post.naver.com/21c_editors
인스타그램 instagram.com/jiinpill21　　　홈페이지 www.book21.com
유튜브 youtube.com/book21pub

서울대 가지 않아도 들을 수 있는 **명강**의! 〈서가명강〉
유튜브, 네이버, 팟캐스트에서 '**서가명강**'을 검색해보세요!

ⓒ 박찬국, 2026
ISBN 979-11-7357-715-4 (03100)